Manual de produção científica

M294   Manual de produção científica / Organizadores, Sílvia H.
Koller, Maria Clara P. de Paula Couto, Jean Von
Hohendorff. – Porto Alegre : Penso, 2014.
191 p. : il. ; 23 cm.

ISBN 978-85-65848-91-6

1. Método de pesquisa. 2. Produção científica. I. Koller,
Sílvia H. II. de Paula Couto, Maria Clara P. III. Hohendorff,
Jean Von.

CDU 001.891(035)

Catalogação na publicação: Ana Paula M. Magnus – CRB 10/2052

Sílvia H. Koller
Maria Clara P. de Paula Couto
Jean Von Hohendorff

Organizadores

Manual de produção científica

2014

© Penso Editora Ltda, 2014

Gerente editorial
Letícia Bispo de Lima

Colaboraram nesta edição:
Coordenadora editorial
Cláudia Bittencourt

Capa
Paola Manica

Imagem da capa
@shutterstock/venimo: Vector education and science concept-abstract tree with icons and signs

Preparação do original
Mônica Ballejo Canto

Leitura final
Jaqueline Fagundes Freitas

Editoração
Armazém Digital Editoração Eletrônica – Roberto Carlos Moreira Vieira

Reservados todos os direitos de publicação à
Penso Editora Ltda.
Av. Jerônimo de Ornelas, 670 – Santana
90040-340 – Porto Alegre, RS
Fone: (51) 3027-7000 Fax: (51) 3027-7070

É proibida a duplicação ou reprodução deste volume, no todo ou em parte, sob quaisquer formas ou por quaisquer meios (eletrônico, mecânico, gravação, fotocópia, distribuição na Web e outros), sem permissão expressa da Editora.

SÃO PAULO
Av. Embaixador Macedo Soares, 10.735 – Pavilhão 5
Cond. Espace Center – Vila Anastácio
05095-035 São Paulo SP
Fone: (11) 3665-1100 Fax: (11) 3667-1333

SAC 0800 703-3444 – www.grupoa.com.br

IMPRESSO NO BRASIL
PRINTED IN BRAZIL

Autores

Sílvia H. Koller (org.). Psicóloga. Doutora em Educação pela Pontifícia Universidade Católica do Rio Grande do Sul (PUCRS). Coordenadora do Centro de Estudos Psicológicos -Rua (CEP-Rua), Instituto de Psicologia, Universidade Federal do Rio Grande do Sul (UFRGS). Pesquisadora 1A do CNPq

Maria Clara P. de Paula Couto (org.). Psicóloga. Mestre e Doutora em Psicologia pela Universidade Federal do Rio Grande do Sul (UFRGS). Pesquisadora de Pós--doutorado no Departamento de Psicologia da Universität des Saarlandes.

Jean Von Hohendorff (org.). Psicólogo. Mestre e doutorando em Psicologia na Universidade Federal do Rio Grande do Sul (UFRGS). Pesquisador do CEP-Rua/UFRGS.

Airi M. Sacco. Psicóloga. Mestre e doutoranda em Psicologia na UFRGS. Pesquisadora do CEP-Rua UFRGS e pesquisadora visitante na Yale University, Estados Unidos.

Ana Paula Couto Zoltowski. Psicóloga. Mestre e doutoranda em Psicologia na UFRGS. Pesquisadora no Núcleo de Apoio ao Estudante (NAE/UFRGS) e do Serviço de Orientação Profissional (SOP/UFRGS).

Angelo Brandelli Costa. Psicólogo. Mestre em Psicologia Social e Institucional pela UFRGS. Doutorando em Psicologia pela UFRGS. Pesquisador do CEP-Rua/UFRGS, do Núcleo de Pesquisa em Sexualidade e Relações de Gênero (NUPSEX/UFRGS) e do Programa de Transtorno de Identidade de Gênero (PROTIG) do Hospital de Clínicas de Porto Alegre (HCPA).

Diogo Araújo DeSousa. Psicólogo. Mestre e doutorando em Psicologia na UFRGS. Pesquisador do CEP-Rua/UFRGS e do Programa de Transtornos de Ansiedade na Infância e Adolescência (PROTAIA) do HCPA.

Laíssa Eschiletti Prati. Psicóloga. Terapeuta Familiar (Domus). Mestre em Psicologia Social e Institucional pela UFRGS. Doutora em Psicologia pela UFRGS. Professora do curso de Psicologia das Faculdades Integradas de Taquara (Faccat). Coordenadora do Centro de Serviços em Psicologia (CESEP) da Faccat. Coordenadora do Grupo de Pesquisa em Psicologia Comunitária Saúde.com (Faccat).

Luísa F. Habigzang. Psicóloga. Mestre em Psicologia do Desenvolvimento pela UFRGS. Doutora e pós-doutora em Psicologia pela UFRGS. Editora associada da Revista Temas em Psicologia.

Manoela Ziebell de Oliveira. Psicóloga. Mestre e doutoranda em Psicologia na UFRGS. Pesquisadora do Laboratório de Fenomenologia Experimental e Cognição (LaFEC/UFRGS).

Normanda Araujo de Morais. Psicóloga. Mestre e Doutora em Psicologia pela UFRGS. Professora adjunta da Universidade de Fortaleza (UNIFOR). Coordenadora do Laboratório de Estudos dos Sistemas Complexos: casais, família e comunidade (Lesplexos).

Piotr Trzesniak. Educador. Mestre e Doutor em Física pela USP. Professor titular (aposentado) da Universidade Federal de Itajubá (UNIFEI). Integrante do Comitê Científico Internacional do RedALyC.

Susana Núñez Rodriguez. Educadora. Especialista em Educação e Orientação Psicopedagógica de Adolescentes pela Universidad Nacional Mayor de San Marcos (UNMSM), Peru. Mestre em Educação pela Universidade Federal do Paraná (UFPR). Doutoranda em Psicologia na UFRGS. Pesquisadora do CEP-Rua/UFRGS.

Tiago Cavalcanti. Bacharel em Letras. Revisor textual da DtCom – Directy Company.

Prefácio

A administração eficiente da vida científica, objetivando produzir com qualidade e na quantidade exigida; o manejo do tempo de forma adequada, visando a ser o mais produtivo possível, sem se sobrecarregar e deixar de ter vida pessoal; o gerar conhecimento e inserir suas conclusões na comunidade, fazendo com que sejam aceitas e utilizadas por outros, são todas ações exigidas dos cientistas na atualidade. O artigo é o tipo de publicação preferido pela comunidade acadêmica em se tratando de produtividade, avaliação positiva e publicação de ciência para a tomada de decisão, tanto na prática profissional quanto na gestão pública. Todos os temas mencionados são muito bem explorados no livro aqui prefaciado. Por isso, é uma honra apresentar uma obra tão valiosa.

Quando a velocidade na geração do conhecimento científico já não permitia a demora em publicar o livro, "nasceu, por sua vez, a conscienciosa invenção do artigo científico, meio de transmitir e preservar os conhecimentos que passavam a crescer com rapidez maior do que a que permitiria transpô-los para a forma de livros" (Price, 1976, p.101). Estava dada a largada para a explosão dos periódicos, tal qual observamos hoje. Entretanto, a qualidade não acompanhou o exponencial crescimento do número de artigos publicados, e estratégias foram desenvolvidas para suprir a falha na formação dos cientistas em relação à redação do artigo.

Uma das mais antigas estratégias para a melhoria da qualidade dos artigos é o sistema de revisão por pares (*peer review*). Os revisores são juízes encarregados de avaliar a qualidade do produto científico, pois avaliam seus pares e distribuem as recompensas (Davyt & Velho, 2000). No caso do artigo, a recompensa é a aceitação para publicação. A revisão por pares tem como objetivo julgar o mérito científico dos manuscritos submetidos à publicação. O processo visa a verificar se o tema é relevante e original, se o método é adequado diante dos objetivos propostos e se o texto fornece informações, argumentos e interpretações que constituam apoio suficiente para as conclusões.

Além do forte investimento que é feito no processo de revisão por pares, cursos de redação de artigos são oferecidos nas principais universidades do Brasil e livros que orientam sobre a escrita científica são publicados em grande escala. Este *Manual de produção científica* vem somar-se a tais esforços para a formação profissional, bem como para instrumentalizar os autores da área com informações atuais e oportunas.

viii PREFÁCIO

A psicologia é uma das áreas que há muitos anos se preocupa com a qualidade dos relatos de pesquisa. O *Publication Manual of the American Psychological Association* (APA), mais conhecido no Brasil como *Manual de estilo da APA*, ou *Manual de publicação da APA* (2012), é um exemplo desta preocupação. Ampliado de um breve artigo de revista, publicado no ano de 1929, o *Manual* está em sua sexta edição e tem auxiliado no estabelecimento de diretrizes e padrões para as revistas científicas (APA, 2012).

Sílvia Helena Koller, uma das organizadoras deste livro, também tem sido um destaque no contexto das revistas científicas brasileiras e ibero-americanas. Editora experiente, ela é uma das responsáveis pelo brilho de importantes publicações, como a *Psicologia: reflexão e crítica* e o *Interamerican Journal of Psychology*. Sílvia foi uma das mentoras e organizadoras do livro *Publicar em psicologia: um enfoque para a revista científica*, que muito tem contribuído com autores e editores na difícil tarefa de organizar revistas e elaborar artigos.

O *Manual de produção científica* é muito bem-vindo, pois não se trata de mais um livro que orienta sobre a redação de textos científicos. Seus 12 capítulos entram em uma inovadora esfera de instruções sobre a escrita e introduzem novas e instigantes temáticas para a comunicação científica na área da psicologia.

No *Manual,* são suscitadas importantes questões sobre a construção e a transmissão do conhecimento e a relevante inclusão das orientações sobre como escrever um artigo de revisão de literatura, de revisão sistemática e um artigo empírico. O conhecimento de procedimentos exitosos, quase sempre registrados em boas publicações, pode levar o profissional à solução de problemas de forma rápida e efetiva. Esta é a grandeza de se incentivar a construção de revisões de qualidade e com todo o rigor científico. A psicologia construiu um volume de conhecimento que precisa ser revisitado por especialistas para uma prática apoiada na ciência. Assim, tanto no processo de utilização das evidências na prática profissional como na tomada de decisão em políticas públicas, os atores envolvidos nessas atividades precisam extrair do "estoque" de conhecimentos gerados e organizados em bases de dados e outras fontes de informação o que lhes será útil na solução de seus problemas. As revisões são as grandes responsáveis por esse uso sustentável do conhecimento, e dois capítulos do livro oferecem importantes subsídios para a arte de se fazer revisões com qualidade.

Estudantes, pesquisadores, editores e demais interessados na geração do conhecimento certamente encontrarão no *Manual de produção científica* orientações relevantes para escrever um artigo e "Como escrever um resumo", de forma a oferecer um bom extrato do trabalho. Aprenderão sobre o "Plágio acadêmico" e os "Erros comuns da escrita científica em língua portuguesa", além de "Como preparar um pôster científico" e "Como preparar e realizar apresentações orais" que despertem a atenção dos leitores e dos ouvintes.

O capítulo "Como manejar o tempo na academia" orienta os cientistas para que sua produtividade satisfaça todos os seus "credores" e consigam administrar o tempo para poderem estar com sua família e amigos, ou seja, viver com intensidade, também, a sua vida pessoal. "Como formar e gerir equipes de trabalho" discute o trabalho em equipe e como o grupo é essencial ao desenvolvimento científico, para proporcionar uma série de benefícios a todas as pessoas envolvidas.

Embora sejam os artigos que movimentam a ciência atual, os livros continuam sendo a fonte de informação que alicerça a formação e que instrumentaliza a atualização teórica e prática. Com a possibilidade de publicação em formato digital, ganharam a dinâmica e agilidade das revistas científicas e continuam sendo incluídos nas bibliografias básicas dos cursos de graduação e alimentando as grandes editoras. Clubes de autores estão se formando na internet, e neles o autor pode publicar suas obras, sem nenhum custo, e comercializá-las de maneira independente e sem intemediários. Em sintonia com o que acontece com o mundo do livro atual, o Capítulo 6 demonstra a experiência das autoras na organização de livros. "Como organizar um livro científico" descreve as etapas consideradas fundamentais no processo de organização dessas obras, como, por exemplo: a definição do objetivo do livro e do público ao qual se destina, o contato com os autores, a revisão dos capítulos, a complexidade do contato com as editoras. Por tratar do mais tradicional suporte para registro do conhecimento em larga escala, esse capítulo é um complemento essencial ao *Manual*. Considerando a relevância dos temas abordados e a competência com que foram apresentados, recomendo fortemente a leitura deste *Manual de produção científica*.

Maria Imaculada Cardoso Sampaio
*Doutora em Psicologia Experimental pelo
Instituto de Psicologia da Universidade de São Paulo (USP).
Diretora da Biblioteca do Instituto de Psicologia da USP.
Coordenadora da Biblioteca Virtual em
Saúde-Psicologia do Brasil (BVS-Psi) e da
Biblioteca Virtual da União Latino-Americana
de Entidades de Psicologia (BVS-Psi ULAPSI).*

x   PREFÁCIO

REFERÊNCIAS

American Psychological Association (2012). *Manual de publicação da APA* (6. ed.). Porto Alegre: Penso.

Davyt, A. & Velho, L. (2000). A avaliação da ciência e a revisão por pares: passado e presente. Como será o futuro? *História, Ciências, Saúde-Manguinhos,7*(1), 93-116.

Price, D. S. (1976). *Ciência desde a Babilônia.* Belo Horizonte: Itatiaia.

Sabadini, A. A. Z. P., Sampaio, M. I. C., & Koller, S. H. (Orgs.). (2009). *Publicar em psicologia: Um enfoque para a revista científica.* São Paulo: Associação Brasileira de Editores Científicos de Psicologia; Instituto de Psicologia da Universidade de São Paulo. Recuperado de http://www.ip.usp.br/portal/images/stories/biblioteca/Publicarempsicologiaversao2012.pdf

Sumário

PARTE I
Escrita científica

1   Hoje vou escrever um artigo científico:
a construção e a transmissão do conhecimento 15
Piotr Trzesniak

2   Como escrever um artigo de revisão de literatura 39
Jean Von Hohendorff

3   Como escrever um artigo de revisão sistemática............................. 55
Angelo Brandelli Costa e Ana Paula Couto Zoltowski

4   Como escrever um artigo empírico... 71
Manoela Ziebell de Oliveira

5   Como escrever um resumo 91
Normanda Araujo de Morais

6   Como organizar um livro científico 99
Normanda Araujo de Morais e Luísa F. Habigzang

7   Plágio acadêmico 109
Laíssa Eschiletti Prati

8   Erros comuns na escrita científica em língua portuguesa.............. 125
Diogo Araújo DeSousa e Tiago Cavalcanti

PARTE II
Pôsteres e apresentações orais

9   Como preparar um pôster científico... 141
Susana Núñez Rodriguez

10   Como preparar e realizar apresentações orais 157
Luísa F. Habigzang

PARTE III

Administração da vida acadêmica

11 Como manejar o tempo na academia 167
Maria Clara P. de Paula Couto

12 Como formar e gerir equipes de pesquisa 179
Luísa F. Habigzang e Airi M. Sacco

Índice 189

parte I

Escrita científica

I
Hoje vou escrever um artigo científico: a construção e a transmissão do conhecimento

Piotr Trzesniak

O artigo científico tem de ser *escrito em linguagem científica* e *oferecer um avanço, solidamente construído, no conhecimento à disposição da humanidade*. Neste capítulo, serão percorridos passo a passo estes dois aspectos, discutindo-se e indicando-se a maneira de melhor atender a cada um.

O TEXTO CIENTÍFICO E SUA LINGUAGEM

Hoje vou escrever um artigo científico. Seria ótimo se pudesse ser assim, mas infelizmente não é! Ninguém acorda e decide que, neste dia, escreverá um artigo científico. Embora decidir fazê-lo seja indispensável para a tarefa, essa condição não é nem a mais importante, nem a que tem o maior peso. A redação de um artigo não resulta primariamente da vontade, nem é uma empreitada de um fôlego só.

Produzir o "compuscrito" (i.e., digitar no computador a versão de submissão do texto, que muitos autores precipitadamente pensam ser a "versão final" do artigo) é uma etapa na construção do conhecimento, e é uma etapa tardia;

é, na verdade, a penúltima. A última, durante a qual a pesquisa se consolida de fato, é o processo editorial de uma boa revista científica (ver Quadro 1.1). As etapas que antecedem a escrita do artigo (*a* até *f* no Quadro 1.1) correspondem aos passos integrantes de uma *pesquisa*, e somente após eles terem sido todos dados é que se completam os elementos para a *conclusão* do compuscrito – pelo menos de um compuscrito científico na sua definição estrita. Discutem-se, no item "O conhecimento científico e seu avanço", algumas alternativas de publicação mais flexíveis, que podem viabilizar-se até mesmo *durante* o percurso de *a* até *f*.

Note-se também que as fases de *a* até *f* correspondem essencialmente à sequência e aos títulos das seções de artigos, teses e dissertações e, em parte, também de projetos. Isso certamente não é um acaso. A primeira frase do texto de Trzesniak e Koller (2009) é "escrever um artigo científico é como contar uma história" (p. 20). Pois, então, escreva a história da sua pesquisa.

Bem, já foram tratados a estrutura de um compuscrito e os requisitos necessários para *concluí-lo*. E quanto a *iniciá-lo*? Qual o momento? A melhor resposta para isso é que *se trata de um momento que se sente*. É como um parto: chega a hora que o conhecimento adquirido e/ou construído no desenvolvimento da pesquisa clama por ser compartilhado. E, se seu consciente sentir esse apelo e a ele responder, o texto fluirá!

Embora uma tomada de decisão seja determinante para começar a escrever, não necessariamente o é para resolver *por qual parte começar*. Isso quem define é outra vez a prontidão, é a demanda interna. Ou seja, não é preciso iniciar pelo título, nem pela introdução, nem pelo que se considera ser o primeiro parágrafo de um capítulo ou seção – pode-se começar pelo segundo

---

☑ QUADRO 1.1

As nove etapas obrigatórias na construção do conhecimento.
As sete primeiras correspondem aos passos constituintes de uma pesquisa, e, necessariamente, antecedem a preparação da versão preliminar do artigo completo (o compuscrito de submissão).

a) a identificação e a pertinência do problema a resolver, com a devida fundamentação científica;
b) sua transformação em questões e hipóteses;
c) a seleção da estratégia para abordá-lo;
d) a operacionalização dessa abordagem;
e) a análise dos achados;
f) a corroboração ou não – analisada, discutida, correlacionada, exaurida – da expectativa que se tinha *a priori*;
g) a preparação do compuscrito de submissão;
h) o processo editorial.

ou pelo terceiro. Falando de modo bem informal: deve-se escrever conforme manda o coração, até completar todo texto (seção, artigo ou mesmo capítulo, tratando-se de monografia), porque essa é a maneira de maximizar a fluidez. Os "arredondamentos" e os ajustes finos entre trechos e partes do texto – a finalização do "todo" – podem ficar para depois e se revelarão, então, surpreendentemente simples.

Não é também necessário concluir todas as fases da pesquisa para iniciar a escrita de um artigo. Na verdade, especialmente nas primeiras vezes em que um pesquisador (ou uma pesquisadora) se envolve com um determinado tema, é recomendado redigir as etapas *a*, *b* e *c* logo que amadurecidas, pois isso auxiliará a ver todo o contexto futuro com maior clareza e permitirá uma eficácia ampliada na execução dos passos posteriores. A redação dessas etapas corresponde, de fato, à preparação do projeto da pesquisa e precisa ser muito bem feita para não prejudicar a concessão de bolsas a estudantes de mestrado e de doutorado (ou mesmo a recém-doutores) e o financiamento aos pesquisadores já seniores.

O que diferencia um texto científico. O texto científico, assim como cada um dos demais tipos de texto destinados à publicação, tem características únicas que o distingue de todos os demais. O Quadro 1.2 detalha essa diferenciação, mas convém destacar desde já os aspectos que individualizam o texto científico:

- ✓ Quem o escreve é, profissionalmente, um pesquisador, não um escritor. Não é remunerado pelos textos que produz, mas pelos novos conhecimentos que descobre. A recompensa que almeja é ver o mérito de suas descobertas reconhecido, ser estudado e citado por outros pesquisadores.
- ✓ O texto literário não tem qualquer compromisso com a veracidade dos fatos que descreve ou que o gerem ou respaldem. O jornalístico precisa necessariamente desse compromisso, mas os fatos relatados têm que ser "notícia" – atuais no curto prazo e capazes de produzir impacto, ou seja, devem atender a uma expectativa, induzir na leitora ou no leitor um sentimento imediato de satisfação, indignação, horror, raiva, admiração – e o texto pode ser construído de modo a exacerbar isso. Já o texto científico compartilha com o jornalístico o compromisso factual, mas a linguagem deve ser neutra, sóbria, sem vieses, sem direcionamentos que não estejam solidamente respaldados na argumentação ou que não decorram logicamente dos fatos observados.

A COMPETIÇÃO E COMO VENCÊ-LA

Há mais de quinze anos, Zielinski (1996) já afirmava existirem 60 mil revistas em escala mundial. Ware e Mabe (2012, p. 22) observam que, de 1750 até

☑ QUADRO 1.2

Características que diferenciam os textos literários (poesia, romance e crônica), jornalísticos e científicos

Há um fato gerador na retaguarda do texto?	Qual o peso para a perenidade		Qual a principal motivação produzir o texto?
	...do próprio texto?	...da retaguarda factual?	
Poesia			
Pode haver ou não, mas o mais peculiar da poesia é que, muitas vezes, o fato não está explícito na obra e, mais: pessoas diferentes podem perceber nela retaguardas de fatos ou ideias diferentes entre si e distintas das que motivaram o autor a escrever (i.e., a *subjetividade*)	Total. O texto poético é como um fluído, difícil de agarrar e de confinar, que escapa e muda de forma a cada momento, a cada leitor e a cada leitura. Sua força e beleza estão nisso, é capaz de captar e refletir o sentimento subjetivo do momento de quem o lê.	Toda ou nenhuma. *Toda*, porque o conteúdo da poesia fala e atinge cada um de seus leitores. *Nenhuma*, porque não há o fato absoluto ou singular. Há a subjetividade, o fato ou a ideia que a poesia evoca em cada um dos que a leem, subjetividade essa que repousa principalmente na força do texto.	As pessoas que trabalham no espaço dos textos literários e jornalísticos o fazem como profissão – vivem disso – e, em geral, produzem em mais de uma das modalidades. Poetas e romancistas ou contistas também escrevem crônicas, repórteres se tornam autores de ficção, jornalistas preparam letras de músicas. Aqui, paixão, criatividade, imaginação e uma comunicação cativante por meio da palavra escrita são ingredientes preciosos.

(continua)

Características que diferenciam os textos literários (poesia, romance e crônica), jornalísticos e científicos (*Continuação*)

Há um fato gerador na retaguarda do texto?	Qual o peso para a perenidade		Qual a principal motivação produzir o texto?
	...do próprio texto?	...da retaguarda factual?	
Romance			
Existem fatos por trás do texto, mas sem o compromisso de retratar algo ocorrido ou uma realidade (embora possam inserir-se nela). O compromisso é, antes, com a *verossimilhança*: a narrativa deve *parecer* real, ainda que fantástica- o *impossível plausível*.	Muito importante. O texto literário seja ele mais sóbrio, seja mais figurado, seja mais solene, é parte da própria obra e é analisado como parte da competência e talento do autor do romance. Os melhores romancistas são celebrados por dominarem a palavra tanto quanto a imaginação. Não é impossível, porém, um romancista notabilizar-se mais pelo estilo, enquanto outros se destacam pelas "tramas".	Os pesos dos fatos narrados e do texto contribuem de modo equilibrado para a perenidade da obra. Uma boa "trama", descrita por uma prosa que cativa, mantém o interesse dos leitores e os leva a adquirir outras obras da mesma autora (ou autor).	

(continua)

☑ **QUADRO 1.2**

Características que diferenciam os textos literários (poesia, romance e crônica), jornalísticos e científicos (*Continuação*)

Há um fato gerador na retaguarda do texto?	Qual o peso para a perenidade		Qual a principal motivação produzir o texto?
	...do próprio texto?	...da retaguarda factual?	
Crônica			
Quase sempre, existe um fato real por trás da obra, mas em geral um *fato trivial*, sem importância em si, cujo mérito é somente o de inspirar o cronista a, com base nele, elaborar um texto curto – no máximo algumas páginas – e que prenda o interesse (p. ex., uma crítica social, um texto humorístico, uma história de amor ou paixão, uma reminiscência de infância).	Predominante. O cronista, pela força das palavras e da elaboração em torno do fato, é capaz de perenizar um acontecimento corriqueiro, que desapareceria rapidamente da memória coletiva. Na boa prosa, o fato se faz atraente, notável, digno de sobreviver e de ganhar destaque.	É pequena. Como afirmado no primeiro quadro descritivo à esquerda, o fato por trás da obra é, em geral, um aspecto trivial do cotidiano, cujo conhecimento em si não apresenta qualquer repercussão significativa.	
Jornalístico			
Necessariamente tem que existir um fato real que respalde o texto, mas esse fato deve atender um interesse *imediato* das pessoas ou ter *impacto* sobre elas (p. ex., sentimento de raiva, admiração, indignação, horror).	O ciclo de vida do jornal é, no máximo, de alguns dias. Então esse tipo de texto não visa à perenidade, seu peso está mesmo no impacto do fato, o que pode ser reforçado pelo estilo do autor.	A natureza do fato gerador, se alcançar importância histórica, pode perenizar o texto jornalístico como fonte de pesquisa, permitindo recuperar a perspectiva da época em uma análise futura dos acontecimentos.	

(continua)

☑ QUADRO 1.2

Características que diferenciam os textos literários (poesia, romance e crônica), jornalísticos e científicos (Continuação)

Há um fato gerador na retaguarda do texto?	Qual o peso para a perenidade		Qual a principal motivação produzir o texto?
	...do próprio texto?	...da retaguarda factual?	
Científico			
Um fato real e notável por trás do texto é o elemento mais importante da redação científica. Distintamente de todas as situações anteriores, o fato tem de ser descrito *acuradamente*, sem paixão, sem preconceito, sem vieses, sem tentar despertar no leitor qualquer tipo de preferência ou emoção.	Muito pouco. Na redação científica, o destaque não pode ser o texto, mas sim, os fatos abordados e os argumentos lógicos que justificam as ideias apresentadas. A linguagem deve ser sóbria, rigorosa, objetiva. O texto científico não aceita figuras de estilo, mas emprega as palavras com clareza, na sua acepção exata.	Total. Quando o conhecimento que respalda o texto é de qualidade, a perenidade do trabalho fica garantida mesmo que a redação deixe algo a desejar. Mas note-se: é absolutamente inaceitável no trabalho científico que o texto mascare, altere, distorça, omita ou crie fatos.	Autores científicos têm como profissão a pesquisa, não a preparação de textos. Escrevem para comunicar a produção do conhecimento, não o fazem com o objetivo de auferir receita. Sua compensação – e eles a buscam – é o reconhecimento pela comunidade. Para eles, diferentemente dos outros tipos de autoria, a questão do *copyright* é secundária – quem se preocupa com isso são as editoras comerciais que produzem as revistas científicas do hemisfério norte.

2005, a quantidade de revistas cresceu a uma taxa anual praticamente constante de 3,5%. O número atualizado é, então, cerca de 110 mil. Considerando, em média, cinco fascículos ao ano, oito artigos publicados por fascículo e uma rejeição de 30%, é então necessário que sejam produzidos aproximadamente 17.200 manuscritos por dia, incluindo sábados, domingos e feriados! Ou seja: a competição é brutal. Ao escrever, é preciso dar o melhor de si, pois, no mesmo dia em que o seu manuscrito ficar pronto, quase duas dezenas de milhares de outros ficarão também. Como levar as pessoas a descobrir e preferir, dentre tantos, o seu?

Algumas pistas de como *não deixar* de ser encontrado e lido podem ser inferidas a partir dos aspectos do cenário das publicações científicas do hemisfério norte, apontados pelo mesmo Zielinski (1996), os quais comentamos a seguir.

Dos artigos publicados, 75 a 85% não apresentam relevância. Torna-se, então, fundamental dedicar muita reflexão à etapa de pesquisa *a*, mencionada no Quadro 1.1 (a pertinência científica de um problema a resolver). O problema, sobretudo, tem que ser consequente, trazer desdobramentos, ensejar pesquisas futuras que contribuam para o progresso e o bem-estar da humanidade. Não pode ser apenas uma curiosidade dos pesquisadores, ainda que interessante.

Cerca de 50% dos artigos publicados contêm erros estatísticos. Então, caso a pesquisa envolva estatística, é preciso estar absolutamente seguro de haver compreendido as técnicas empregadas e de tê-las executado corretamente. Mais do que isso, porém, tem-se que examinar de maneira muito crítica a plausibilidade do resultado: a estatística não pensa, apenas calcula e, eventualmente, identifica uma *possível* relação. Definir se tal relação existe de fato ou se é mero acidente aritmético cabe a quem pesquisa.

Pelo menos 50% dos artigos nunca são consultados ou citados. Obviamente, o primeiro passo para ser consultado é ser encontrado, o que exige um título e palavras-chave que descrevam a pesquisa de modo pertinente, preciso e completo. No conceito de *web semântica*, esses elementos (denominados *metadados*) são desvinculados do texto principal a que se referem e coletados por serviços especializados de oferecimento de informações na *internet*. Têm, assim, um alcance muito mais amplo do que o artigo em si. Outra recomendação para o título é ser sóbrio, sério, sem excesso de... "criatividade" – embora uma dose moderada de criatividade possa funcionar em *resumos* para congressos e seminários informais (mas apenas nesses casos).

A seleção da revista para a qual encaminhar o compuscrito é também essencial para a visibilidade. Considere, primeiramente, as revistas de acesso livre, como as integrantes dos portais RedALyC (http://www.redalyc.org), SciE-

LO (http://www.scielo.org, que abrange as coleções SciELO de diversos países) e as listadas no *Directory of Open Access Journals* (http://www.doaj.org), as menos restritivas em termos de replicação do trabalho. Caso não se satisfaça com nenhuma delas, consulte o *site* Sherpa/RoMEO (http://www.sherpa.ac.uk/romeo/index.php), que classifica as editoras por meio de um código de cores: as verdes e azuis, cujas revistas devem ser privilegiadas, permitem ao menos que a versão final seja oferecida em um repositório da instituição do(a) autor(a).

Outra providência importante é criar um perfil em *sites* científicos, como o Academia.edu (http://www.academia.edu), o ResearchGate (http://www.researchgate.net/) e o Google Scholar (https://accounts.google.com/SignUp), e neles inserir sua produção – na extensão que os direitos o permitirem – sempre com o cuidado de incluir os *tags* mais pertinentes e descritivos (*tag* é um equivalente não tão formal do metadado palavra-chave).

A segunda barreira a vencer é convencer quem encontrou o artigo a estudá-lo. Para isso, o resumo e o *abstract* são determinantes. Uma recomendação muito eficaz nesse sentido – não apenas para resumos, mas para qualquer tipo de comunicação – é: *escreva seu texto pensando como um(a) leitor(a) em busca de algo*, e atenda *a essa necessidade*. Não escreva *de você* e *de seu trabalho*, escreva *para os leitores*, objetivando contribuir para o trabalho e o crescimento deles. Exemplificando, a construção *para que os meus artigos sejam encontrados na web, uso títulos bem descritivos e seleciono cuidadosamente as palavras-chave* corresponde a escrever de si mesmo; a alternativa *para que os seus artigos sejam encontrados na web, use títulos bem descritivos e selecione cuidadosamente as palavras-chave* é escrever para os leitores.

Finalmente, como ser citado? Aí entram o mérito intrínseco da sua pesquisa *e* o bom texto de seu compuscrito. Note o conectivo "e": um mau texto pode reduzir as citações de uma boa pesquisa, mas um bom texto não faz uma pesquisa fraca ser citada. Leitoras e leitores, após concluírem o estudo de seu artigo, têm que sentir que tiveram um acréscimo significativo em seus conhecimentos e/ou habilidades, sentir que o tempo dedicado à tarefa foi recompensado.

Ainda a propósito de citações, há outro fator capaz de ampliá-las: o trabalho em colaboração (coautoria) com outros pesquisadores, especialmente se forem de diferentes países (Granda-Orive et al., 2009; Narin, Stevens, & Whitlow, 1991). Embora não se trate de um aspecto da redação, considera-se importante mencioná-lo por aqui.

Escrever em mau inglês. Esta consideração não é de Zielinski (1996), mas se aplica a todos que não tenham o inglês como idioma nativo: dediquem muito cuidado a todas as partes que tiverem de escrever nesse idioma. Fazê-lo em mau inglês certamente implica perder a competição no hemisfério norte, mesmo sendo encontrado. A má redação afastará os leitores ainda na introdução ou no *abstract,* talvez até no título. Por outro lado, a opção por esse idioma sem dúvida amplia o público potencial do artigo e, considerando que os modernos recursos eletrônicos suportam a publicação do mesmo texto em mais de um idioma, o recomendado é disponibilizá-lo em bom português (ou espanhol) e *também* (integralmente) em bom inglês.

O CONHECIMENTO CIENTÍFICO E SEU AVANÇO

O que é conhecimento? Como se identifica a existência do conhecimento? Considere-se uma situação-problema qualquer, para a qual se deseja uma solução favorável. Colocada diante dessa situação, uma pessoa com nenhum ou pouco conhecimento executará uma intervenção que demorará um certo tempo e não levará à solução desejada, ou não levará à melhor solução possível. Já os interventores com conhecimento agirão mais rapidamente e atingirão o melhor resultado. Por exemplo, ao tratar de uma doença, médicos com mais conhecimento (p. ex., com larga experiência clínica e atualizados quanto a alternativas de tratamento e medicação) apresentam uma probabilidade muito maior de obter um restabelecimento mais completo e/ou mais rápido dos pacientes do que outros, menos bem preparados.

Ter conhecimento é, então, o poder de fazer o Universo evoluir no sentido que se deseja ou necessita, e isto se atinge por meio da pesquisa científica e tecnológica. A pesquisa científica busca desvendar o funcionamento do Universo, descrevendo seus mecanismos, comportamentos e padrões, no que se denomina *estabelecer modelos.* A pesquisa tecnológica preocupa-se em como empregar os resultados científicos para controlar o Universo em benefício da humanidade, selecionando mecanismos, comportamentos e padrões para atender necessidades dentro de parâmetros predeterminados, no que se denomina *aplicar modelos.*

A Figura 1.1 ilustra o conceito científico de modelo. A linha horizontal tracejada, indicada *abstração,* separa a parte superior, o *Universo* (ou "mundo real"), da inferior, o *modelo* (ou "mundo ideal" da Ciência e da Tecnologia). As largas setas duplas verticais indicam que, por meio da abstração, aspectos considerados relevantes nas *situações* inicial e final do Universo são convertidos em representações quali ou quantitativas – números, palavras, símbolos, figuras – denominadas, respectivamente, *condições* iniciais e finais do modelo.

As situações inicial e final estão ligadas por um *processo* (i.e., por uma evolução no tempo) no Universo. Pesquisar tal processo significa observá-lo, e observá-lo, e observá-lo, até conseguir um procedimento logicamente estruturado que conecte as condições iniciais e finais correspondentes. Esse procedimento é o modelo do processo. Formalmente, então, modelo é um procedi-

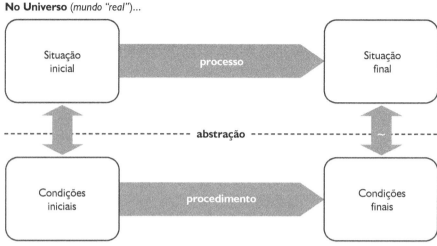

FIGURA 1.1
A relação entre um processo no Universo e um modelo científico que o descreve.

mento *de qualquer ordem* que, alimentado com uma representação seletiva da situação inicial do Universo, leva a um conjunto de condições que *representa* a situação em que o Universo se encontrará, caso se desencadeie o processo real.

Grifam-se dois trechos dessa definição, aos quais é preciso dar mais atenção:

- ✓ O procedimento que integra o modelo é de qualquer natureza – verbal, matemático, gráfico, computacional ou outro – e não é absolutamente uma representação do processo real. Ele apenas correlaciona, convenientemente, as condições iniciais e finais. A Figura 1.1 ressalta isso ao não colocar uma seta dupla entre processo e procedimento.
- ✓ O sinal aproximadamente (~) sobre a seta dupla direita chama a atenção para a questão da qualidade do modelo: quanto melhor as condições finais efetivamente representarem a situação final do Universo, melhor será o modelo em questão.

E o que é avanço do conhecimento? A primeira frase do capítulo diz que o artigo científico tem de oferecer um *avanço no conhecimento* à disposição da humanidade. Isso – algo, aliás, também já dito – implica que a preparação de um compuscrito tem de ser antecedida por uma pesquisa, ou seja, trabalho, muito trabalho, e trabalho sério. Também quer dizer que, atualmente, textos meramente descritivos, que apenas retratam uma configuração, uma realidade instantânea ou o modo como algo é posto em prática, e que não têm perspectivas em termos de novas pesquisas, apresentam uma possibilidade muito pequena de alcançar repercussão. Há uma providência, porém, que pode ampliar bastante o potencial de impacto dessas "pesquisas fotográficas": inseri--las no processo de que fazem parte, tratá-las como um dos quadros de um filme, isto é, *considerar* e *discutir* (não apenas mencionar!) os seus antecedentes e o que se pode esperar depois. Essa contextualização do "instantâneo" relativamente ao processo de que ele faz parte é o que transforma um artigo inconsequente em consequente.

OS DIVERSOS TIPOS DE ARTIGO

Até aqui, a tônica deste capítulo vem sendo advertir quanto ao que evitar, recomendar acerca do que atender, chamar a atenção para cuidados essenciais a tomar. Porém, a redação científica oferece, também, *oportunidades*, e a melhor delas é que uma mesma pesquisa pode dar ensejo à preparação de mais de um tipo de compuscrito. O *volume* de novos conhecimentos resultantes da pesquisa pode, eventualmente, oferecer tal possibilidade, mas não é esse o aspecto que se ressaltará aqui. O que se quer é alertar para o fato de que os conhecimentos gerados podem apresentar interesse para mais de um *público científico*.

Dois públicos são cientificamente distintos quando se dedicam a áreas diferentes do conhecimento ou quando utilizam o conhecimento para finalidades diferentes (p. ex., para pesquisa, na atividade profissional, para o ensino ou simplesmente como informação). Outro idioma ou outra localização geográfica do público-alvo não caracterizam esse público como cientificamente distinto.

Observe-se que, já no título, fala-se em *tipos* de artigo, e esses tipos serão caracterizados adiante como *estrito, de reelaboração, para ensino, de aplicação, de divulgação* e *jornalísticos*. Havendo material de valor, nunca será impertinente escrever artigos de *tipos diferentes* dentro da *mesma área* ou artigos do *mesmo tipo* para *áreas distintas*. Porém, o volume de conhecimentos novos tem de ser muito significativo para justificar mais de um artigo do *mesmo tipo* para a *mesma área*. Com justa indignação, a comunidade científica vem se manifestando contra a prática do *salami science*, ou seja, a fragmentação artificial do conhecimento gerado ao longo de uma pesquisa em mais de um *artigo de igual tipo* para um *mesmo público científico*. Essa maneira de multiplicar a... "produtividade" é antiética, intolerável, e precisa ser definitivamente banida do contexto acadêmico.

MANUAL DE PRODUÇÃO CIENTÍFICA **27**

Porém, retomemos as oportunidades prometidas. A primeira é, então, escrever para diferentes áreas do conhecimento. Uma pesquisa em psicologia pode envolver significativamente conhecimentos de, por exemplo, enfermagem. Torna-se possível, então, produzir artigos específicos para cada uma das áreas, mas a linguagem, o foco e o texto têm de ser diferentes: por exemplo, os termos típicos de uma área teriam de ser mais bem explicados no artigo escrito para a outra, e os aspectos enfatizados nos resultados também.

As demais oportunidades podem vir a se apresentar dentro de uma mesma área do conhecimento, e visam a atender necessidades de leitores que utilizam o conhecimento e/ou com ele interagem de maneiras distintas: pesquisadores, estudantes de pós-graduação, professores, alunos de graduação e público em geral. Aqui também, linguagem, ênfases e textos devem ser diferentes, específicos para cada subcomunidade. É o que será discutido a seguir.

O artigo científico, em seu conceito mais estrito, é escrito por e para pesquisadores de uma área ou subárea, e compreendê-lo exige muito esforço por parte de alguém que não trabalhe no tema específico. Tem, como novidade, o *próprio conhecimento*, ou seja, é aquele que apresenta:

- ✓ Inovações científicas: modelos novos que permitem controlar processos ainda não dominados ou que sejam superiores em qualidade aos já conhecidos para um processo específico.
- ✓ Inovações tecnológicas: apresentando um emprego inédito e bem-sucedido para um modelo existente (como descobrir que um medicamento desenvolvido para uma dada patologia é também eficaz para outra).
- ✓ Aperfeiçoamentos científicos e tecnológicos: melhorar a qualidade com que as condições finais do modelo representam a situação final do Universo, ou tornar o modelo tecnologicamente mais eficaz na solução de um determinado problema.

Um segundo tipo de compuscrito, denominado *reelaboração* científica ou tecnológica, é aquele em que a novidade é a *estrutura* do conhecimento. Trata-se de apresentar um conhecimento já existente (p. ex., um modelo ou o modo de empregá-lo) de maneira mais clara, mais transparente, mais simples, mais facilmente compreensível. Essa é uma oportunidade que se oferece especialmente no caso de novas descobertas. A primeira vez em que um conhecimento é apresentado, é comum que a argumentação e as justificativas que o sustentam sejam complexas, intrincadas, difíceis de compreender. À medida que outros pesquisadores se envolvem com o assunto, divisam novos argumentos e caminhos alternativos (o que corresponde ao reelaborar), conduzindo ao mesmo resultado de modo mais simples e direto. Porém, atenção: não se trata de reapresentar as mesmas ideias em um *texto* diferente, mas de introduzir ideias novas e mais poderosas *ao longo do caminho* que demonstra a validade científica e a confiabilidade do conhecimento em questão.

Na terceira categoria, que compreende dois tipos, tem-se os textos em que a novidade é a *comunicação do conhecimento:*

✓ Artigos para uso acadêmico, que visam ao ensino da ciência e da tecnologia, devem colocar o conhecimento em uma linguagem didática, acessível para estudantes e prontos para serem empregados por professores em sala de aula.

✓ Os absolutamente fundamentais, mas frequentemente tão relegados, artigos de aplicação da ciência e da tecnologia. Acadêmicos precisam compreender que há uma diferença grande entre as suas prioridades, necessidades e visões, e as dos profissionais, que precisam de eficácia e soluções imediatas. Em um artigo científico estrito, como antes definido, deve ser posta ênfase no processo de construção do conhecimento, é preciso que dados e argumentos sejam muito bem trabalhados, e que efetivamente sustentem as conclusões e resultados com máxima solidez. Por isso, os resultados aparecem sempre como *gran finale* desses textos. Entretanto, no mundo profissional, a ênfase é outra: sai totalmente do processo e vai para os resultados e seu emprego prático. Os profissionais confiam que seus colegas acadêmicos fizeram um bom trabalho de base na condução da pesquisa, acreditam na solidez das conclusões. O que eles precisam mesmo é saber quais foram elas e como podem ajudá-los no dia seguinte, na sua clínica, no seu dia a dia. Então, um artigo de aplicação deve começar com a parte na qual o acadêmico termina, apresentando os resultados e ensinando como empregá-los na vida prática, para só então abordar os aspectos essenciais do processo que levou até eles, remetendo aos artigos acadêmicos para informações mais detalhadas. É um modo completamente distinto, mas indispensável, de oferecer o conhecimento gerado em uma pesquisa. A Tabela 1.1 apresenta as partes que geralmente integram os artigos científicos e indica a ordem e a extensão aproximada que para elas é sugerida nos compuscritos de pesquisa e de aplicação.

As três grandes categorias mencionadas anteriormente correspondem a descrições de efetivos avanços do conhecimento, porém há ainda outras maneiras de explorar em publicações a pesquisa realizada. Tratam-se dos artigos que visam à preservação da espécie, ou seja, aqueles que os físicos, os médicos, os psicólogos, os economistas (sejam homens ou mulheres!) escrevem para que todos os demais seres humanos reconheçam a beleza e a importância da "sua" área de conhecimento e, portanto, venham, eventualmente, também a ela se dedicar. Estes textos têm por objetivo, então, a perpetuação da área e compreendem:

MANUAL DE PRODUÇÃO CIENTÍFICA 29

☑ TABELA 1.1

Ordem e extensão das partes clássicas de artigos científicos em compuscritos de pesquisa e de aplicação

Tipo de compuscrito	Pesquisa		Aplicação	
Parte	**Ordem**	**Extensão**	**Ordem**	**Extensão**
Introdução e problematização	1	~10%	1	<15%
Revisão (e re-problematização)	2	~20%		
Método	3	15-20%	5 ou 4	5-10%
Dados e discussão	4	35-45%	4 ou 5	5-15%
Resultados (solução) e conclusões	5	10-15%	2	20-30%
Operacionalizar a solução (como colocá-la em prática)	6	<5 %	3	40-50%

✓ A divulgação científica e tecnológica: usam uma linguagem que torna o conhecimento acessível a não especialistas da área, visando a despertar o interesse de jovens pré-universitários, a justificar, perante a sociedade, os investimentos governamentais em ciência e tecnologia e a ampliar o conhecimento do público em geral.

✓ O jornalismo científico e tecnológico: esse é um canal para o qual é preciso estar sempre atento. O jornalismo requer impacto e, quando este surgir, eventualmente em função de um acontecimento de grande interesse público, relativo ao qual o conhecimento especializado que o pesquisador (ou a pesquisadora) possui seja requerido para esclarecimento, discussão ou crítica, esse momento deve ser aproveitado. As finalidades são essencialmente as mesmas da divulgação científica.

A SOLIDEZ DO AVANÇO: REFERÊNCIAS

Um artigo científico pode fazer apenas dois tipos de afirmativas:

(i) as que se sustentam na pesquisa desenvolvida pelos autores e

(ii) as que são suportadas por referências a fontes *com validade científica*, em que elas estejam devidamente fundamentadas.

30 KOLLER, DE PAULA COUTO & HOHENDORFF (ORGS.)

Os requisitos de planejamento, dedicação, seriedade e engajamento na condução da pesquisa já foram bastante discutidos até aqui. Nesta seção, será tratada a questão da referenciação.

Qualidade das referências: a validade científica

A *validade científica* de uma referência é tanto maior quanto melhor ela atender os critérios de *confiabilidade, atualidade, acessibilidade* e *perenidade*.

Confiabilidade significa ter o endosso da comunidade científica. A informação científica mais confiável é a que passa por um processo editorial que inclui uma rigorosa revisão pelos pares (*peer review*), como o desenvolvido pelas revistas científicas de qualidade. É na discussão entre autores, revisores e editores que a pesquisa efetivamente é concluída. Um endosso mais frágil é o dos artigos ou resumos estendidos publicados em anais de eventos: embora submetidos a revisores, não há uma discussão construtiva para elaborar o conhecimento descoberto, mas apenas uma decisão dicotômica de aceitar ou não o trabalho para apresentação. Mais ou menos no mesmo nível estão os livros constituídos por capítulos de autores diferentes, em que uma eventual discussão se dá apenas com os organizadores ou editores. Teses e dissertações têm o aval das comissões examinadoras, mas este é ainda menos exigente, em termos de aperfeiçoamento de conteúdo, que o dos capítulos e trabalhos em congressos.

Atualidade tem a ver com retratar a vanguarda do conhecimento. Aqui, trata-se do tempo decorrido entre a descoberta científica e o seu compartilhamento com a comunidade. Por admitirem a apresentação de resultados preliminares de pesquisas ainda em andamento, estariam teoricamente em primeiro lugar, neste conceito, os artigos completos ou resumos estendidos publicados nos anais dos eventos. Porém, muitos destes pedem as contribuições com tanta antecedência que podem perder para revistas ágeis – embora não existam muitas que o sejam. Ainda assim, é justo colocar as revistas no mesmo nível ou em um segundo lugar bem próximo. Teses e dissertações igualmente se situam nessa região. Livros já ficam bem mais para trás, em geral baseiam-se em artigos anteriormente publicados.

Acessibilidade implica que o trabalho citado seja acessível a todos os pesquisadores. Se a pesquisa científica não for pública e visível, se não puder ser acessada por outros pesquisadores e pesquisadoras, é como se ela não existisse, como se nunca tivesse sido feita. Assim, quem mais bem contempla este item são trabalhos divulgados em acesso livre (ou aberto, o *open access*), seja em revistas, seja em repositórios institucionais. Publicações oferecidas na *internet*, mas acessíveis apenas mediante pagamento, estão em uma segunda linha. Agora, não estar disponível na *web* atualmente é como não existir.

Perenidade exige que a fonte esteja preservada da destruição ou do desaparecimento. Este critério é fundamental: a informação científica referencial tem de ser perene, deve estar lá hoje, em um mês, um ano, dez, cem anos. Ela conta a história de uma pesquisa, mostrando como se chegou aos resultados e conclusões, e essa informação tem de estar disponível e ser passível de verificação. Boas revistas e repositórios mantidos por entidades tradicionalmente ligadas à pesquisa científica têm um cuidado especial com a preservação de seu acervo digital. Quando a fonte de informação, além da versão eletrônica, existe também na forma impressa e é distribuída pelo menos nacionalmente, a preservação pode ser considerada aceitável – melhor seria uma distribuição internacional. Porém, caso se trate de *publicação exclusivamente eletrônica* e não esteja clara a questão da perenidade, a referência tem o mesmo *status* de uma comunicação particular, em conversa, telefonema ou *e-mail*. É mais uma homenagem à prioridade de quem contribuiu com uma boa ideia do que uma referência no sentido estrito. E cuidado: por mais sério e rigoroso que seja o processo editorial de uma revista, seu conteúdo somente terá validade científica caso esteja integralmente armazenado em diversos servidores, geograficamente distantes entre si. Isso ocorre automaticamente para as revistas que utilizam o Sistema Eletrônico de Editoração de Revistas/ *Open Journal Systems* (SEER/OJS), que ativam o recurso *lockss* (*lots of copies keep stuff safe,* ou múltiplas cópias garantem a segurança do conteúdo), o que pode ser verificado no respectivo expediente. Porém, ainda é comum encontrar revistas hospedadas em um único servidor, mantido pela pessoa que a edita ou pelo departamento de uma Universidade ou Centro de Pesquisas; o respectivo conteúdo *não tem validade científica*, pois será perdido em caso de acidente ou catástrofe local.

Não basta alcançar uma boa média no conjunto dos quatro critérios; para ter validade, é preciso atender bem cada um deles.

Então, considerando-se o desempenho em cada um, e também no conjunto dos critérios, pode-se estabelecer uma hierarquia para os tipos de referência e identificar um perfil que denominaremos "geralmente aceito" para a presença de cada tipo em compuscritos. Em primeiro lugar na hierarquia, estão, sem dúvida, os artigos em revistas, com boa vantagem sobre os segundos colocados, capítulos de livros e publicações (textos completos e resumos estendidos) em anais de eventos. Um pouco mais distantes, vêm as teses de doutorado e, bem atrás, os demais tipos. Reitera-se que quaisquer trabalhos publicados em veículos que não zelem adequadamente pela preservação incluem-se na categoria "demais tipos".

32 KOLLER, DE PAULA COUTO & HOHENDORFF (ORGS.)

Para definir o "perfil de distribuição geralmente aceito" para a presença de referências em artigos de revista (i.e., o perfil que será considerado normal por qualquer revisor, não lhe causando estranheza, nem o induzindo a levantar questões), é preciso levar em conta a maneira como o conhecimento circula nas diversas áreas. Dados analisados por Trzesniak (2012) mostram que a relação entre as publicações de artigos em revistas e de capítulos de livros é de 7, para as chamadas "ciências duras", e de 1,4, para as humanidades. Nesse contexto, avaliamos o perfil de referências de um compuscrito como geralmente aceitável:

✓ Nas ciências "duras", se a participação de artigos em revistas no total de referências for de pelo menos 65%.
✓ Nas humanidades, caso pelo menos 40% do total de referências correspondam a artigos e 30% a capítulos de livros.
✓ Nos dois casos, a soma de artigos em revistas, capítulos de livros e publicações (textos completos e resumos estendidos) em anais deve atingir ao menos 80%.
✓ Podem-se ter, ainda, até 15% de teses de doutorado.

Certamente é aceitável alguma flexibilidade nos percentuais preconizados, ±10% no de artigos em periódicos, ±5% nos demais, mas desvios significativos irão quase certamente induzir pedidos de explicações por parte de editores e pareceristas. Outro comentário importante é requerer *atualidade* para cerca de 80% do total de referências citadas, não significando que seja inapropriado citar referências antigas, clássicas. Pelo contrário: ao utilizar uma ideia, deve-se, sim, referenciar quem a teve originalmente, ainda que tenha sido há dezenas de anos. Porém, a rigor, essa referência integraria os 20% restantes... Embora nenhum parecerista devesse objetar relativamente a referências clássicas, exceto se elas forem predominantes e não se tratar de um texto cujo propósito o exija (p. ex., em história da ciência ou da área).

Pertinência das referências

Atualmente, tem-se tornado comum a prática de confundir o referenciar com a mera extração de frases soltas. Mesmo que se trate de frases pertinentes, acaba resultando uma lista exageradamente grande de trabalhos citados, chegando a ter uma quantidade próxima do número de parágrafos do texto. Ora, se tudo ou quase tudo que é escrito está referenciado, onde fica a contribuição científica da pesquisa realizada, que se supõe deva ser significativa e precisa estar clara no artigo? Um texto em que a quantidade de referências supera um terço do número de parágrafos já começa a gerar dúvida na mente dos revisores e editores, tanto que alguns desses últimos limitam o número de referências por artigo em suas revistas.

Referenciar com pertinência torna-se, então, um ingrediente importante para a publicação de um artigo, e fazê-lo envolve:

- ✓ invocar uma parte substancial das ideias, propostas e argumentos do trabalho de outros pesquisadores, para incorporá-las em seu próprio ou para refutá-las circunstanciadamente;
- ✓ espelhar diretamente o pensamento das pesquisadoras e dos pesquisadores referenciados, não as suas palavras, nem conhecimentos óbvios ou consagrados não criados por eles, nem ideias de outros pesquisadores – devem-se citar sempre as pesquisas originais e, preferencialmente, artigos.
- ✓ problematizar, reescrever, parafrasear, endossar ou refutar: discutir com o trabalho referenciado.

Referenciar com pertinência certamente *não* envolve meramente repetir frases (citar) ou compilar (copiar/colar) excertos, ações que, na verdade, configuram a redação preguiçosa, ou *lazy writing*.

Repercussão das referências: fatores de impacto

Ser referenciado é uma das fontes mais significativas de satisfação para quem pesquisa. É o reconhecimento de que foi conduzida uma investigação científica de qualidade, com resultados úteis e, especialmente, consequentes, acarretando uma continuação, um desdobramento. Porém, a repercussão não se limita a esse contexto pessoal. Ela afeta também o país e o hemisfério onde a pesquisa se desenvolveu.

Uma forma de medir essa repercussão ampliada passa pelo conceito de fator de impacto (em suas múltiplas versões), que vem sendo bastante discutido no ano de 2013. Esse indicador aplica-se a revistas e é frequentemente empregado para colocá-las em uma ordem hierárquica a que se associa a ideia de prestígio. Se tal associação já é discutível, considerando o contexto como o fator de impacto é determinado, há outra, ainda mais indireta: aferir-se o prestígio ou a competência científica de pesquisadores, grupos, instituições e países com base no fator de impacto das revistas em que são publicados os artigos respectivamente produzidos.

Para compreender as implicações dessas interpretações do indicador, é necessário conhecê-lo melhor.

- ✓ Ele é determinado a partir de um conjunto fechado de "revistas acompanhadas", isto é, revistas sobre as quais é mantida uma base de dados de

KOLLER, DE PAULA COUTO & HOHENDORFF (ORGS.)

citações recíprocas; eventuais citações concedidas fora do conjunto não entram no cálculo.

✓ A cada ano, podem ser calculados vários fatores de impacto para a mesma revista, porque ele pode considerar o número de referências recebidas pelos artigos nela publicados nos dois, três,..., n anos imediatamente anteriores (resultam os fatores de impacto de dois, três,..., n anos, respectivamente).

✓ O cálculo é feito dividindo-se o número de referências recebidas pela revista no ano-base pelo total de artigos nela publicados no período de interesse (os dois, três,..., n anos imediatamente anteriores).

Por exemplo: acha-se o fator de impacto de dois anos da revista X em 2012 (que só pode ser calculado após o término desse ano) dividindo a quantidade de referências feitas aos artigos que saíram na X em 2011 e 2010 (por todas as revistas acompanhadas) pelo total de artigos publicados na X nesses dois anos. O fator de três anos incluiria 2009 nessa conta, e assim por diante, quantos anos se desejarem.

O fator de impacto mais usado é o determinado pela Thomson-Reuters, calculado sobre uma base de cerca de 9 mil revistas, das quais 114 (1,3%) são brasileiras e 92 (1,0%) dos demais países da America Latina (Thomson-Reuters, 2013). A participação pouco expressiva já leva o fator de impacto a não ter o mesmo significado para os hemisférios norte e sul. Porém, existe ainda um agravante: muitas vezes, os próprios autores do hemisfério sul deixam de citar os bons artigos de pesquisa produzidos nesse hemisfério, dando preferência aos trabalhos de estrangeiros. Isso reforça o impacto do hemisfério norte e *reduz o do sul*. Equivale a um suicídio científico.

Sem dúvida, antes de tudo, nunca se deve referenciar o que não seja pertinente. Mas, *se algo pertinente não for referenciado*, o trabalho, a revista e o país envolvidos nunca terão impacto! Então: *havendo um artigo pertinente*, publicado *em revistas do hemisfério sul* ou *por pesquisadores desse hemisfério* em qualquer revista, *ele deve necessariamente ser citado*, independentemente de relacionamentos pessoais ou competição entre grupos de pesquisa. Trata-se de fazer crescer a repercussão da pesquisa do hemisfério como um todo, que se refletirá positivamente também, e significativamente, sobre os próprios autores citantes.

DUAS RECOMENDAÇÕES FINAIS

A primeira recomendação já foi feita, mas é tão importante que merece ser repetida: textos meramente descritivos, que apenas retratam uma configuração, uma realidade ou o modo como algo é posto em prática, e que não têm perspectivas em termos de novas pesquisas, apresentam uma possibilidade insignificante de alcançar qualquer repercussão.

A segunda é que um artigo não é uma minimonografia de conclusão de curso, qualquer que seja seu nível. Isto é, se uma pessoa concluiu sua tese de doutorado com 100 páginas, sendo 10 de introdução, 25 de revisão da literatura e discussão e seleção do problema, 20 de estratégia, 25 de coleta e análise dos dados, 20 de discussão e conclusões, os números correspondentes a cada uma dessas partes, em um artigo de 10 páginas, não deverão ser um décimo dos que constam anteriormente. Artigo não é minimonografia, tem que privilegiar o avanço do conhecimento: então as 20 páginas de discussão e conclusões, 20% na monografia, devem transformar-se em cinco, ou 50%, no artigo, com as outras cinco resumindo todas as partes anteriores – também não precisa ser de modo estritamente proporcional.

O aspecto-chave nessa questão é que as monografias, embora carreguem um avanço do conhecimento em maior ou menor grau, têm também um compromisso de retratar a formação da sua autora ou do seu autor, coroam um curso, têm que mostrar que a pessoa aprendeu algo e que é agora mais capaz, mais competente. Artigos não têm espaço para isso, autores e sua sabedoria não são o foco, são, na verdade, pouco importantes. O que vale mesmo, repetindo, é o avanço do conhecimento.

A Tabela 1.2 ilustra o parágrafo anterior, colocando em percentuais aproximados quanto cada tipo de trabalho representa em termos de formação da autora ou autor, de avanço do conhecimento e de formação dos leitores. Os percentuais da última coluna são baixos: nenhum dos tipos de trabalho listados tem o objetivo didático de formar quem o estuda, irá, no máximo, informar essa pessoa, contribuir com conhecimento (matéria-prima) para subsidiar as pesquisas que ela futuramente vier a fazer. Qualquer formação que, eventualmente, acompanhar esse contexto será um bem-vindo bônus.

RESUMO

Destacam-se a seguir as ideias mais marcantes deste capítulo, aquelas que devem permanecer no próprio consciente ou estar sempre de prontidão, para assistência imediata a quem estiver preparando o seu compuscrito.

- ✓ A linguagem do texto científico é única, tem características próprias, que a diferenciam de todas as demais (Quadro 1.1).
- ✓ Para preparar um bom artigo, é indispensável ter feito uma pesquisa consequente, com seriedade e dedicação.

TABELA 1.2

Diferenciação entre artigos científicos e os vários tipos de monografia

Tipos de monografia	Formação do autor	Avanço do conhecimento	Formação do leitor
Graduação	~ 100%	~ 0%	~ 0%
Latu senso	~ 90%	< 5%	< 10%
Mestrado	~ 70%	< 20%	< 20%
Doutorado	< 40%	< 50%	< 20%
Artigo~ 0%	> 90%	< 10%	

Nota: Os percentuais indicados não devem ser encarados como rigorosos, são apenas aproximações ilustrativas.

✓ Pesquisa consequente é aquela que, pelo lado do conhecimento, inspira, induz, requer continuações e desdobramentos; ou que, pelo lado da aplicação, amplia quali ou quantitativamente a capacidade de intervenção profissional bem-sucedida. Já as inconsequentes, se não forem feitas, nada se perderá: ao terminar de analisá-las, a reação típica do analista é: "E daí?".

✓ Concluir o compuscrito não significar concluir a pesquisa; essa só termina após o processo editorial.

✓ É preciso dar atenção e trabalhar especificamente para ampliar ao máximo a visibilidade do artigo: escolher bem a revista, publicar em dois idiomas, esmerar-se nos títulos, palavras-chave e resumos e manter páginas nas redes sociais de pesquisadores.

✓ Escrever "para" os leitores, não escrever "de" você. Não se autopromover, não se colocar como "agente" responsável por um eventual sucesso, eu faço isto ou aquilo, mas como conselheiro, facilitador: fazer isso ou aquilo é uma excelente opção ou, querendo ser mais direto, façam isto ou aquilo, são excelentes opções.

✓ A partir de uma mesma pesquisa, dentro da mais estrita ética (isto é, sem praticar salami science ou similares), é eventualmente possível escrever mais de um artigo acadêmico (científico estrito, de reelaboração, de ensino ou de aplicação) ou de natureza geral (divulgação científica, jornalismo científico).

✓ Em artigos de pesquisa, deve-se dar uma grande ênfase ao processo (50-65% do texto); já nos de aplicação, o foco devem ser os resultados e sua operacionalização (aplicação prática), que devem ser apresentados logo no início e corresponder a 60-80% do artigo (Tabela 1.1).

✓ Artigo não é minimonografia (como uma tese, dissertação ou trabalho de conclusão): ao preparar um compuscrito a partir de uma monografia, não faça uma redução proporcional de cada parte ou seção, dedicando um espaço proporcionalmente maior ao conhecimento novo gerado na pesquisa (Tabela 1.2).

✓ Para ser cientificamente válida, uma referência deve atender os critérios de acessibilidade, perenidade, confiabilidade e atualidade, aspectos que são mais bem cumpridos por artigos em revistas, capítulos de livros e textos extensos em anais de eventos. Um bom perfil requer cerca de 80% das referências nestas três categorias, com predominância dos artigos em revistas (~65% nas "ciências duras" e ~40% nas humanidades, que podem ter ainda ~30% de capítulos). Os restantes 20% podem ser teses de doutorado (até 15% do total) e outras (desde que não críticas para as conclusões do trabalho).

✓ Referências devem ser feitas a ideias e argumentos dos autores referenciados, não a trechos de texto, nem a conhecimentos consagrados, nem a ideias e argumentos de outros autores que eles apenas estejam repetindo; nesse último caso, deve-se ir ao original.

✓ Referências em excesso – mais do que um terço do número de parágrafos do texto – levantam dúvidas entre revisores e editores quanto ao aporte que o artigo faz ao conhecimento. Sua quantidade e uso precisam deixar clara a contribuição dos autores.

✓ Nunca se devem citar referências não pertinentes, mas também nunca se devem omitir referências pertinentes, especialmente a pesquisadores e revistas do hemisfério sul.

REFERÊNCIAS

Granda-Orive, J. I., Villanueva-Serrano, S., Aleixandre-Benavent, R., Valderrama-Zurián, J. C., Alonso-Arroyo, A., García Río, F., Jiménez Ruiz, C. A., Solano Reina, S., & González Alcaide, G. (2009). Redes de colaboración científica internacional en tabaquismo: Análisis de coautorías mediante el Science Citation Index durante el periodo 1999-2003. *Gaceta Sanitaria, 23*, 222.e34 – 222.e43. Disponível em: http://scielo.isciii.es/scielo.php?script=sci_arttext&pid=S0213-91112009000300010&lng=es.

Narin, F., Stevens, K., & Whitlow, E. S. (1991). Scientific cooperation in Europe and the citation of multinationally authored papers. *Scientometrics,21*, 313-323.

Thompson-Reuters (2013). Source publication list for Web of Science 'Science Citation Index Expanded 2013'. Recuperado em 10/Julho/2013 de http://science.thomsonreuters.com/mjl/publist_sciex.pdf.

Trzesniak, P. & Koller, S. H. (2009). A redação científica apresentada por editores. In A. A. Z. P. Sabadini, M. I. C. Sampaio, & S. H. Koller (Eds.), *Publicar em psicologia*: um enfoque para a revista científica (pp. 19-34). São Paulo: Associação Brasileira de Editores Científicos de Psicologia e Instituto de Psicologia da Universidade de São Paulo. Recuperado de http://www.publicarempsicologia.blogspot.com/.

Trzesniak, P. (2012). A questão do livre acesso aos artigos publicados em periódicos científicos. *Em Aberto* (Brasília), *25*(87), 77-112. Recuperado de http://emaberto.inep.gov.br/index.php/emaberto/article/viewFile/2620/1847.

Ware, M. & Mabe, M. (2012). *The stm report*: An overview of scientific and scholarly journal publishing (3a. ed.). Oxford/UK: International Association of Scientific, Technical and Medical Publishers. Recuperado de http://www.stm-assoc.org/2012_12_11_STM_Report_2012.pdf

Zielinski, C. T. (1996). Lost Science in the Americas. In: Editoração científica (VI Encontro Nacional, Caxambu-MG, novembro de 1996- cópias de transparências). Rio de Janeiro/RJ: Associação Brasileira de Editores Científicos.

2
Como escrever um artigo de revisão de literatura

Jean Von Hohendorff

A produção de revisões de literatura faz parte do cotidiano de todos os acadêmicos e pesquisadores. Constantemente, estamos elaborando revisões para a seção de introdução de trabalhos acadêmicos e projetos de pesquisa. Na maioria das vezes, pensamos na publicação de artigos somente no final de nossa pesquisa, quando já verificamos os seus resultados. Porém, você já parou para pensar que a sua revisão de literatura pode ser transformada em um artigo? Não? Espero que ao final da leitura deste capítulo você comece a pensar nisso!

O objetivo aqui é apresentar a vocês, leitores, o que é um artigo de revisão de literatura (ARL) e abordar uma série de dicas para facilitar sua escrita. Para tal, será utilizado como exemplo um ARL sobre violência sexual contra meninos no Brasil (Hohendorff, Habigzang, & Koller, 2012). De antemão, saiba que escrever um ARL é um desafio; não é fácil, mas é recompensador. Além do conhecimento adquirido acerca do conteúdo do artigo, aprende-se muito com sua escrita. E esse aprendizado nos acompanhará na produção de muitos outros textos, tornando-os mais atrativos aos nossos leitores.

Antes de tudo, caros leitores, perguntem-se: O que é um ARL? Caso você não tenha chegado a uma resposta, aqui estão algumas. A American Psychological Association (APA, 2012) indica que esse tipo de artigo caracteriza-se por avaliações críticas de materiais que já foram publicados, considerando o progresso das pesquisas na temática abordada. Nesse sentido, os ARLs são textos nos quais os autores definem e esclarecem um determinado problema, sumarizam estudos prévios e informam aos leitores o estado em que se encontra determinada área de investigação. Também identifica relações, contradições, lacunas e inconsistências na literatura, além de indicar sugestões para a resolução de problemas. Trata-se de um desafio, não é mesmo?! É um processo semelhante ao de organizar nossa mesa de trabalho. No início, temos a sensação de que é impossível arrumar aquele amontoado de papéis e objetos. Porém, basta que iniciemos essa organização para percebermos que ela facilitará muito o nosso cotidiano. O mesmo vale para a produção de um ARL: o início pode ser difícil, mas o seu resultado será gratificante. Então, vamos em frente com nossa arrumação!

A APA (2012) considera que os ARLs englobam, também, artigos de metanálise e de revisão sistemática, sendo esse entendimento compartilhado por editores de importantes periódicos internacionais (Bem, 1995; Eisenberg, 2000). Porém, há a consideração de que artigos de metanálise e de revisão sistemática são distintos de ARL (Petticrew & Roberts, 2006).

A metanálise e a revisão sistemática podem ser entendidas como métodos de pesquisa. Quando se realiza uma metanálise, diferentes análises estatísticas são utilizadas para examinar um conjunto de dados empíricos advindos de estudos já publicados. A revisão sistemática (ver Capítulo 3), por sua vez, equivale a um levantamento de estudos já publicados a partir de um tema específico com o intuito de buscar respostas a determinadas questões (Petticrew & Roberts, 2006). Para tal, é necessário ter um problema de pesquisa claro, definir uma estratégia de busca dos estudos, estabelecer critérios de inclusão e exclusão dos artigos, além de realizar uma análise criteriosa acerca da qualidade da literatura selecionada (Sampaio & Mancini, 2007).

Por exemplo, tomando como base o estudo do tratamento psicológico para crianças e adolescentes vítimas de violência, poderíamos produzir um ARL no qual seriam apresentadas as abordagens terapêuticas utilizadas, os principais resultados dos tratamentos e os métodos utilizados nesses estudos, tecendo uma análise crítica desse material. Caso realizássemos uma revisão sistemática, precisaríamos definir as bases de dados nas quais realizaríamos a busca pelos estudos, os descritores e a sua abrangência (p. ex., por ano, local de publicação, idioma, etc.). Nosso foco estaria em apresentar os dados dessa busca: quantos artigos foram encontrados, onde e como os estudos foram feitos, bem como possíveis lacunas identificadas. Já um estudo de metanálise envolveria analisar estatisticamente os resultados advindos dos estudos nos quais diferentes tratamentos foram testados. As diferenças entre os artigos de revisão de literatura, revisão sistemática e metanálise estão sintetizadas no Quadro 2.1.

MANUAL DE PRODUÇÃO CIENTÍFICA 41

☑ QUADRO 2.1

Diferenças entre artigos de revisão de literatura, revisão sistemática e metanálise

Revisão de literatura	Revisão sistemática	Metanálise
Avaliações críticas do material já publicado	Método de pesquisa similar a *survey*, no qual os participantes são os estudos	Método de pesquisa no qual são investigados o agrupamento de resultados de diversos estudos por meio de análises estatísticas
Objetiva organizar, integrar e avaliar estudos relevantes sobre determinado tema	Objetiva sumarizar pesquisas prévias para responder questões, testar hipóteses ou reunir evidências	Objetiva examinar estatisticamente resultados de estudos prévios

---

Agora que já sabemos o que diferencia um ARL dos artigos de metanálise e de revisão sistemática, vamos às dicas acerca de sua escrita. Antes, cabe salientar que um ARL não é o mesmo que a revisão de literatura que é produzida em projetos de pesquisa e demais trabalhos acadêmicos. Revisões de literatura para projetos de pesquisa, dissertações e teses costumam ser demasiadamente longas, realizadas com o intuito de mostrar ao leitor que a literatura existente sobre o tópico de interesse foi revisada em sua totalidade. Isso pode resultar em um texto com muitas seções (Bem, 1995) nas quais todo e qualquer estudo e seu resultado é descrito detalhadamente. Então, a primeira dica é: não confunda revisões de literatura com ARL. Transforme sua revisão de literatura em um artigo; arrisque-se! Depois disso, passe a escrever suas revisões de literatura no estilo de artigos. Elas ficarão mais bem escritas, tornando-se atrativas aos leitores, possivelmente membros de sua banca, pareceristas ou avaliadores de agências de fomento ficarão muito satisfeitos em ter investido seu tempo na leitura de um texto de qualidade.

Outra dica importante é estar ciente de que, provavelmente, você terá certa dificuldade em produzir seu primeiro ARL. Isso é natural, pois como todo novo trabalho, sua execução requer prática. O importante é não desanimar. Tenha em mente que a cada texto produzido você estará aprimorando suas habilidades e, com o passar do tempo, escrever um artigo parecerá menos difícil. Além disso, procure ler e escrever muito. A partir da leitura do que outros cientistas escreveram, você terá ideias para produzir seus próprios textos (Trzesniak & Koller, 2009). Quanto mais familiarizado com ARLs já publicados, mais fácil será redigir o seu próprio artigo.

Com o intuito de facilitar o processo de produção de um ARL, a seguir será apresentada uma espécie de roteiro passo a passo com dicas. Atente para o fato de que não são normas para a produção do seu ARL, mas apenas uma sistematização das principais etapas e dicas.

ETAPAS DE ELABORAÇÃO DE UM ARTIGO DE REVISÃO DE LITERATURA

A produção científica inicia com a definição e delimitação de um tema de pesquisa. O mesmo ocorre na produção de um ARL. Então, antes de iniciar a produção do seu ARL, pare por algum tempo e reflita sobre qual será, especificamente, o seu foco. Muitos de nós temos a tendência de escolher temas demasiadamente amplos. Utilize a técnica da pirâmide invertida para lhe auxiliar. Essa técnica consiste em delimitar o tema de seu artigo gradativamente. Por exemplo, caso um pesquisador tenha interesse em estudar depressão, iniciará seu cone invertido com esse tema e tentará delimitá-lo ao máximo. Neste processo, é aconselhável formular questões: pergunte a si mesmo(a) sobre quem você quer escrever (p. ex., homens, mulheres, crianças, adultos, idosos, etc.), sobre qual contexto/região/estado/país você quer escrever, e se há alguma condição agregada (p. ex., seu foco de estudo possui alguma condição ou viés que o delimitam?). Após respondê-los, você terá um tema com um foco específico, facilitando a busca pelo material de consulta e a escrita do seu ARL. Veja na Figura 2.1 como ficaria o cone invertido nesse caso:

FIGURA 2.1
Exemplo de como definir e delimitar o tema de um ARL por meio da técnica da pirâmide invertida.

MANUAL DE PRODUÇÃO CIENTÍFICA **43**

Após a definição e a delimitação do tema de seu artigo, é hora de realizar a *busca e organização de materiais* para a revisão de literatura. A primeira tarefa nessa etapa é identificar as palavras-chave relacionadas ao seu tema (Echer, 2001). Após a identificação dos descritores, consulte as principais bases de dados. Para uma descrição completa sobre descritores e consulta a bases de dados, veja o Capítulo 3.

Você deve estar se perguntando o porquê da definição de descritores e busca em bases de dados, já que estamos falando de um ARL e não de um artigo de revisão sistemática (ARS). Lembre-se de que a busca de artigos em bases de dados é o "pontapé" inicial de qualquer trabalho científico e não seria diferente em um ARL. A questão é que, ao produzir um ARS, os autores necessitam descrever detalhadamente essa etapa de busca por artigos em bases de dados, pois esse é o método de pesquisa empregado no artigo. Nesse sentido, um ARS se assemelha muito a um artigo empírico (ver Capítulo 4), pois possui as seções de método e resultados, o que não ocorre com um ARL. Embora sejam utilizados descritores e bases de dados, o conteúdo de um ARL não descreverá o processo de busca pelas publicações consultadas.

Ao reunir material para a produção de um ARL, é aconselhável também fazer uma busca por outras publicações, tais como livros, teses e dissertações. Lembre-se, no entanto, que as revistas científicas costumam exigir que grande parte das referências utilizadas em artigos submetidos seja de artigos já publicados. Assim, privilegie a utilização de artigos em detrimento de livros e demais materiais. Outra estratégia de busca é acessar a plataforma Lattes (lattes.cnpq.br) e fazer uma busca de currículos a partir de determinado tema, verificando as publicações dos autores sobre a temática de interesse.

Ao realizar a busca de materiais para sua revisão de literatura, leia atentamente o título e o resumo dos materiais encontrados. Não esqueça de verificar se a fonte dos materiais que você está consultando é confiável, bem como a sua qualidade e relevância. Salve apenas aqueles materiais que possuem alguma ligação com o seu tema de interesse. Crie pastas em seu computador, divididas conforme os diferentes aspectos de seu tema. Em seguida, realize a leitura detalhada de cada material, e produza um resumo com suas próprias palavras. Reúna os resumos que possuem relação entre si e aqueles que, apesar de abordarem uma mesma questão, apresentam visões/resultados contraditórios.

A busca de materiais para sua revisão de literatura também fará com que você fique mais familiarizado com o tema que escolheu. Assim, é hora de *elaborar o roteiro de seu ARL* (Echer, 2001). A elaboração do roteiro requer bom senso já que, ao contrário dos artigos empíricos (ver Capítulo 4), os ARL não possuem um formato preestabelecido. Tenha em mente que o artigo deve "contar uma história coerente", ou seja, com início, meio e fim. É possível organizá-lo a partir de modelos teóricos; pontos de vista do tema abordado (Bem, 1995), aglutinando ideias convergentes de autores diferentes ou obedecendo a uma ordem cronológica (Echer, 2001) de publicações ou do conteúdo abordado. A Figura 2.2 apresenta um roteiro do ARL sobre violência sexual contra meninos no Brasil.

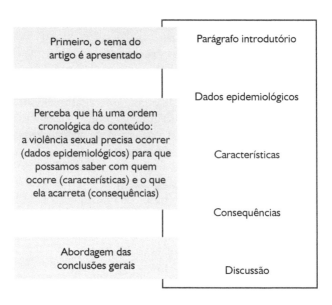

FIGURA 2.2
Exemplo de roteiro para um artigo de revisão de literatura.

PRIMEIRO, O TEMA DO ARTIGO É APRESENTADO

Perceba que há uma ordem cronológica do conteúdo: a violência sexual precisa ocorrer (dados epidemiológicos) para que possamos saber com quem ocorre (características) e o que ela acarreta (consequências).

De posse do roteiro, chegou a tão esperada hora: a *escrita do seu ARL*. Simultaneamente, inicie o processo de escolha pela revista a qual o seu ARL será submetido. Após essa escolha, busque por ARLs já publicados por essa revista e analise-os. Isso auxiliará na escrita do seu artigo. Atente também para as normas da revista (número máximo de páginas e de referências) que influenciarão diretamente na produção de seu artigo. Preocupe-se com sua formatação geral somente ao final da escrita.

Durante a escrita, é importante estar atento ao uso da linguagem científica. Entende-se por linguagem científica o modo como os pesquisadores de-

MANUAL DE PRODUÇÃO CIENTÍFICA **45**

vem se comunicar em seus textos. Trata-se de uma linguagem pautada pela clareza e objetividade. Antes de iniciar a produção do ARL, é necessário definir qual é a mensagem que seu artigo irá transmitir. Guie sua escrita a partir de tal mensagem e busque transmiti-la aos leitores da forma mais clara e objetiva possível. Bem (1995) alerta para o fato de que a maioria dos ARLs se caracteriza por ser um amontoado de citações sem que haja uma clara mensagem, um fio condutor que perpasse todo o conteúdo abordado. Os autores de um ARL devem transmitir uma *clear take home message* ("mensagem clara para levar para casa"; Bem, 1995). Isso nada mais é do que o(s) autor(es) se posicionar a respeito do conteúdo abordado no ARL. Porém, não basta escrever "nossa opinião é..."; o posicionamento dos autores deve ter respaldo na literatura, ou seja, não basta apenas expor uma opinião sem demonstrar que a literatura existente certifica esse ponto de vista. Leia o trecho a seguir e tente identificar a mensagem.

Estimativas indicam que uma em cada quatro meninas e um em cada seis meninos experimentou alguma forma de violência sexual na infância ou adolescência (Sanderson, 2005). De acordo com este dado, meninas são mais vitimizadas do que os meninos, porém, tal diferença não é grande o suficiente para justificar a carência de estudos sobre a população masculina no Brasil. Nota-se que a temática da violência sexual masculina ainda carece de maior visibilidade social a fim de que vítimas, profissionais e sociedade em geral possam percebê-la como um problema de saúde pública (Holmes, Offen, & Waller 1997).

Baseados na escassez de literatura sobre o tema, os autores buscaram, ao longo do texto, enfatizar a ideia de que é necessário investir nessa temática.

Antes de escrever, pare e pense em qual é a mensagem que você quer transmitir aos leitores. Após definir isso, inicie a escrita de seu ARL. Não se esqueça de que a linguagem científica prima pela clareza e objetividade. Seu ARL deve, então, obedecer a esses princípios.

Escrever de forma clara e objetiva consiste em escrever de forma simples e direta. Evite palavras desnecessárias, bem como a utilização de diferentes sinônimos para indicar um mesmo fenômeno/conteúdo. Utilize frases curtas e objetivas. O mesmo vale para os parágrafos – cada um deve abordar uma ideia, e conclui-la, sem haver necessidade de retomá-la novamente em outra parte do texto, pois isso torna a leitura maçante. Bem (1995) enfatiza que um ARL não é um romance com *flashbacks*, mas uma pequena história com uma narrativa simples e linear. Veja o exemplo a seguir:

> O local de ocorrência da violência sexual foi abordado em estudo com seis meninos, com idades entre sete e 13 anos, vítimas desta violência. Os locais nos quais ela ocorreu foram: a casa da vítima (três casos), escola (um caso), casa do autor da violência sexual (um caso), e instituição que o menino frequentava (um caso – Kristensen, 1996). Além disso, uma revisão sistemática da literatura indicou que entre 54% e 89% das situações de violência sexual foram extrafamiliares e, destes, entre 21% e 40% foram cometidos por pessoas desconhecidas pelas vítimas. Entre 46% e 93% foram de episódio único, 17 a 53% foram casos crônicos e tiveram a duração entre menos de seis meses a 48 meses (Holmes & Slap, 1998).

Atente para o tamanho do parágrafo e das frases – devem ser curtos e objetivos, apresentando uma ideia e concluindo-a.

Utilize sempre o mesmo termo – isso tornará o seu texto claro. A utilização de diferentes sinônimos para a mesma palavra pode confundir os leitores.

Evitar o uso de jargões – terminologias específicas de uma determinada disciplina – também potencializa a clareza e a objetividade de seu ARL. Este geralmente possui uma audiência maior que outros tipos de artigos, pois propicia aos leitores uma visão ampla sobre um assunto. Como não é incomum que leitores de outras áreas de conhecimento consultem ARL, o uso de jargões pode dificultar o entendimento do seu conteúdo. A Psicologia possui vários jargões – citando apenas alguns: complexo de Édipo, contingências, tendência atualizante – e, por vezes, sua utilização é necessária. Quando não é possível evitar seu uso, faça-o com cautela, definindo o termo utilizado de forma clara e concisa e, preferencialmente, exemplificando-o (Bem, 1995).

Você deve tomar cuidado também com a forma como faz as citações durante o texto. Priorize a ideia, e não os autores. Assim, os sobrenomes dos autores devem aparecer entre parênteses, pois a ênfase deve estar no conteúdo (Bem, 1995). Dessa forma, seu texto ficará mais atrativo e claro aos leitores. Em vez de ler o sobrenome dos autores no corpo do texto, os leitores preferem saber o que eles têm a dizer sobre o conteúdo abordado em seu ARL. Assim, coloque os sobrenomes ao final da frase, entre parênteses. Compare os dois trechos a seguir:

MANUAL DE PRODUÇÃO CIENTÍFICA **47**

De acordo com Kristensen (1996), as repercussões do abuso sexual podem atingir também a família da vítima. Sentimentos ante a revelação do abuso, como pânico, raiva, depressão, choro, evidenciados nos estudos de Kristensen (1996) e Pires Filho (2007), além de dúvidas quanto à sexualidade do menino, dificuldades de estabelecer limites ao filho abusado, e medo que este se torne um abusador podem ser experienciados pelos familiares, conforme salientou Almeida et al. (2009). Diante da complexidade do abuso sexual e da ansiedade mobilizada, autores como Araújo (2002) e Pires Filho (2007) lembram que é frequente que famílias de vítimas desistam do atendimento.

A ênfase está nos autores e não no conteúdo.

Veja a diferença quando os sobrenomes são colocados ao final da citação. O texto fica mais objetivo e interessante.

As repercussões do abuso sexual podem atingir também a família da vítima. Sentimentos ante a revelação do abuso, como pânico, raiva, depressão, choro (Kristensen, 1996; Pires Filho, 2007), além de dúvidas quanto à sexualidade do menino, dificuldades de estabelecer limites ao filho abusado, e medo que este se torne um abusador podem ser experienciados pelos familiares (Almeida et al., 2009). Diante da complexidade do abuso sexual e da ansiedade mobilizada, torna-se frequente que famílias de vítimas desistam do atendimento (Araújo, 2002; Pires Filho, 2007).

O sobrenome dos autores deve constar no corpo do texto somente quando se objetiva enfatizá-los devido a sua relevância, ou seja, chamar atenção para determinado autor. Por exemplo, neste capítulo, por vezes, a citação de Bem (1995) foi feita no corpo do texto. Optou-se por citá-lo dessa forma por conta da relevância desse autor e, especificamente, dessa publicação com diretrizes sobre produção de ARL.

Outro cuidado referente às citações diz respeito a sua quantidade, uma vez que artigos de ARL tendem a ter muitas citações. Aconselha-se, que literaturas menos importantes sejam omitidas (Bem, 1995). A escolha pelos artigos mais relevantes pode ser feita por meio de: a) análise do número de vezes que o artigo foi citado; b) periódico no qual o artigo foi publicado; c) autoria do artigo (i.e., autores destacados na área). É possível também solicitar ajuda para colegas mais experientes. Além disso, várias revistas científicas vêm restringindo o número de referências que podem ser utilizadas na produção de um artigo. Esse é mais um motivo para avaliar o que incluir em seu ARL, priorizando literaturas mais relevantes.

48   KOLLER, DE PAULA COUTO & HOHENDORFF (ORGS.)

Ao escrever seu ARL, tenha em mente o chamado "efeito dominó", isto é, seu texto deve fluir de forma que cada nova ideia abordada seja conectada à ideia anterior. Evite o uso de metacomentários (Bem, 1995), ou seja, frases que antecipam o conteúdo do artigo. Lembre-se que o processo de escrita deve ser invisível ao leitor. Veja o exemplo a seguir:

> Após a abordagem das características da violência sexual contra meninos, é relevante que as consequências dessa forma de violência sejam conhecidas. Dessa forma, serão apresentadas as principais consequências que os estudos da área indicam como comuns em meninos vítimas.

Este parágrafo antecipa o conteúdo que será abordado. Isso pode ser considerado como um metacomentário.

Agora veja a transição entre os conteúdos sem o uso de metacomentários.
Este parágrafo conecta o conteúdo que estava sendo abordado anteriormente no ARL (características da violência sexual – duração, frequência, idade das vítimas) com o conteúdo que seria abordado posteriormente – as consequências da violência sexual para as vítimas.

> Fatores como a duração, frequência e as condições nas quais a violência sexual ocorreu (com ou sem a presença de ameaças e/ou violência), além da idade da vítima e do tipo de relacionamento com os autores, são indicados como mediadores do impacto desta violência para o desenvolvimento (Araújo, 2002; Furniss, 1993; Kristensen, 1996; Sanderson, 2005).

É necessário lembrar da definição de ARL enquanto se está escrevendo um. Nesse tipo de artigo, os autores definem e esclarecem um problema específico, sumarizam estudos prévios e informam aos leitores o estado em que se encontra determinada área de investigação. Além disso, buscam identificar relações, contradições, lacunas e inconsistências na literatura e indicar sugestões para a resolução de problemas identificados (APA, 2012).

Definir e esclarecer determinado problema consiste em descrever de forma clara e objetiva o tema que será abordado no ARL. Geralmente essa definição é feita no início do texto com o objetivo de situar o leitor acerca do que será abordado no restante do artigo. É aconselhável justificar a escolha pelo tema abordado. Lembre-se de, ao escrever um ARL, utilizar o critério de relevância também para a escolha de seu tema. Aborde temas pouco explorados ou para os quais ainda não há um consenso. Lembre-se de que o principal objetivo de qualquer trabalho cientifico é o avanço do conhecimento. Seu ARL deve contribuir com esse processo. Leia o trecho inicial do artigo de ARL sobre meninos vítimas de violência sexual no Brasil:

> Embora os estudos nacionais abordem, aparentemente, a violência sexual contra crianças e adolescentes independentemente do sexo das vítimas, ao se realizar uma análise do público participante das pesquisas, constata-se a predominância de vítimas do sexo feminino. Diferentes aspectos, tais como mecanismos e fatores relacionados à violência sexual (Drezett et al., 2001); exploração sexual (Cerqueira-Santos, Rezende & Correa, 2010); sintomas psicopatológicos (Habigzang, Cunha, & Koller, 2010); contexto judicial (Dobke, Santos, & Dell'Aglio, 2010) e tratamento de vítimas (Lucânia, Valério, Barison, & Miyazaki, 2009; Habigzang et al., 2009; Padilha & Gomide, 2004) são abordados nestes estudos. Por outro lado, o número de estudos nacionais publicados que abordam, especificamente, vítimas do sexo masculino é escasso. Ao se realizar um levantamento breve não sistemático de estudos brasileiros sobre o tema em bases de dados nacionais (BVS Psi e Scielo, Periódicos Capes), por exemplo, apenas uma publicação (Almeida, Penso, & Costa, 2009) foi encontrada.

A partir deste trecho você consegue definir o tema do ARL? Qual sua justificativa?

Após definir e esclarecer o problema de seu ARL, é necessário sumarizar estudos prévios. Busque mostrar aos leitores o estado em que se encontra o conhecimento sobre determinado tema. Tente responder aos seguintes questionamentos: O que já foi pesquisado? Quais os métodos utilizados? Onde os estudos foram feitos? Sumarizar estudos prévios evita que seu ARL se transforme em uma "colcha de retalhos", na qual há um amontoado de citações sem uma análise do material abordado. Discuta as ideias, dados e conclusões apresentadas no texto.

É possível afirmar que a escrita de um ARL deve compreender dois processos: descrever e avaliar. Somente descrever os materiais consultados é insuficiente, também é necessário avaliá-los a partir de seus métodos e resultados. Ao realizar essa avaliação, você, futuro autor de um ARL, pode (e deve) fazer uma análise crítica. Porém, lembre-se de que essa análise crítica é dirigida ao trabalho, e não ao autor – *At verbum not ad hominem* (Bem, 1995). Nesse processo, não esqueça de que seu texto precisa transmitir uma ideia clara, que deve ser o fio condutor do artigo. Veja o exemplo:

50   KOLLER, DE PAULA COUTO & HOHENDORFF (ORGS.)

A análise de 211 fichas de notificação de atendimentos imediatos às vítimas de violência sexual, realizados no Conjunto Hospitalar de Sorocaba (São Paulo), entre abril de 2003 e março de 2004, indicou que a maioria das vítimas (190 casos) era do sexo feminino, enquanto 21 casos envolveram meninos ou homens (Campos, Schor, Anjos, Laurentiz, Santos, & Peres, 2005). Os dados documentais de 340 casos de violência infanto-juvenil notificados no Conselho Tutelar e no Programa Sentinela, no município de Itajaí (Santa Catarina), no período entre 1999 e 2003, evidenciaram que 287 (84,40%) das notificações se referiam a abusos sexuais perpetrados contra meninas, enquanto 53 (15,60%) contra meninos (Machado, Lueneberg, Régis, & Nunes, 2005). Por meio da consulta a 2.522 protocolos de atendimento de um programa estadual (Bahia) de denúncia e assistência à vítima de violência sexual foram encontrados 22 casos nos quais a violência sexual foi identificada ou revelada no contexto escolar, no período entre dezembro de 2001 e agosto de 2004. A maioria dos casos (86,36%) foi do sexo feminino (Inoue & Ristum, 2008).

> Perceba o amontoado de citações, formando a chamada "colcha de retalhos". Neste trecho somente foi realizada a descrição dos estudos, sem avaliá-los.

> Veja que nesse trecho há uma síntese dos estudos, tornando o texto mais interessante, pois foi feita uma avaliação do material consultado.

> Ao mencionar essa lacuna – falta de estudos com populações não clínicas –, os autores continuam abordando a sua *cleartake home message* de que é necessário investigar melhor a temática.

O meio de coleta de dados predominante foi a análise documental, realizada por meio da consulta a expedientes judiciais, prontuários, protocolos e fichas de atendimento. Somente um estudo utilizou um instrumento de triagem para verificar a ocorrência de violência sexual. Assim, evidencia-se a maior investigação de dados epidemiológicos em populações clínicas, ou seja, em locais de atendimento às vítimas, tais como ambulatórios, centros de referência, conselhos tutelares, programas públicos de atendimento e hospitais, enquanto que o estudo de populações não clínicas foi realizado somente em uma pesquisa realizada em escolas públicas (Polanczyc et al., 2003). Independentemente do meio de coleta de dados, todos os estudos reportaram índices mais elevados de ocorrência de violência sexual contra o sexo feminino. Porém, as maiores diferenças foram percebidas em estudos que utilizaram populações clínicas, enquanto que o estudo com população não clínica (Polanczyc et al., 2003) reportou a menor diferença entre os sexos, sendo 59,3% feminino e 40,7% masculino.

A partir da sumarização dos estudos prévios, é natural que os autores do ARL tenham um amplo conhecimento sobre as publicações do tema abordado. Diante disso, é o momento de identificar relações, contradições, lacunas e inconsistências nessas publicações. Essa identificação é feita a partir da aná-

MANUAL DE PRODUÇÃO CIENTÍFICA **51**

lise conjunta das publicações que compõem um ARL. É necessário descrever o que há em comum entre elas, o que diverge e indicar aspectos ainda não investigados. Analise o exemplo a seguir e busque identificar se há e como foi feita a identificação de relações, contradições, lacunas e inconsistências:

> Embora os estudos sobre consequências da violência sexual masculina indiquem similaridades, tais como a presença de ansiedade, problemas legais, problemas de autoimagem e dúvidas quanto à orientação sexual (Holmes & Slap, 1998; Kristensen, 1996; Pinto Junior, 2005), questões metodológicas limitam a generalização dos seus resultados. Por exemplo, alguns estudos recorreram à experiência clínica de profissionais que trabalhavam com vítimas de violência sexual (Pires Filho, 2007; Tremblay & Turcotte, 2005), não tendo acesso direto às vítimas, enquanto outros tiveram contato direto (Almeida et al., 2009; Collings, 1995; Dube et al., 2005; Kristensen; 1996; Lisak, 1994; Steever et al., 2001; Ullman & Filipas, 2005; Weiss, 2010). Nos estudos com profissionais, o resultado é limitado à percepção destes sobre o que seus pacientes vivenciaram. Dentre aqueles que recorreram às vítimas, a diferença de idades entre os participantes é perceptível, variando desde a infância e adolescência (Almeida et al., 2009; Collings, 1995; Kristensen, 1996; Pinto Junior, 2005); adolescência e idade adulta (Steever et al., 2001; Weiss, 2010); e somente adultos (Dube et al., 2005; Lisak, 1994; Ullman & Filipas, 2005). Além disso, diferentes técnicas para coleta de dados foram utilizadas, tais como revisão sistemática da literatura (Holmes & Slap, 1998; Pfeiffer & Salvagni, 2005); análise documental (Weiss, 2010); estudo de caso (Almeida et al., 2009); entrevistas e questionários (Dube et al., 2005; Kristensen, 1996; Lisak, 1994; Pinto Junior, 2005; Ullman & Filipas, 2005); e instrumentos para verificar sintomatologia (Collings, 1995; Steever et al., 2001). Mesmo que a literatura indique consequências comuns a meninos e homens que sofreram violência sexual, cada caso é peculiar e sofre influência de diversas variáveis. Os estudos indicam tendências e estão limitados a questões metodológicas. Assim, é necessário atentar para a individualidade de cada caso.

Percebam, caros leitores, que inicialmente é feita uma relação acerca das consequências da violência sexual contra meninos nos estudos revisados. Em seguida, há uma problematização sobre lacunas metodológicas (p. ex., diferentes técnicas de coleta de dados e fontes – profissionais e vítimas) que inviabilizam a generalização dos resultados dos estudos revisados.

Após sumarizar os estudos e indicar relações, contradições, lacunas e inconsistências, deve-se informar aos leitores do ARL o "estado da arte", ou seja, o que já se sabe sobre o tema, quais as evoluções conquistadas a partir das pesquisas e o que ainda é necessário investigar. Isto costuma ser feito no final do ARL, pois se assemelha a uma conclusão. Em seguida, é necessário sugerir direções para resolver o problema abordado no texto: O que ainda é necessário pesquisar? De que forma? Por que isso é necessário? Essas perguntas são úteis nessa etapa da escrita de seu ARL.

> Em suma, este ensaio teórico indica a necessidade de incremento de estudos nacionais sobre a violência sexual contra o público masculino. Somente um artigo específico sobre a temática foi encontrado em bases de dados brasileiras (Almeida et al., 2009). Além disso, demais publicações (p. ex., dissertação e livros) também são em número reduzido. Aspectos como a vergonha e a dificuldade de meninos e homens em relatar a ocorrência de violência sexual, bem como as dificuldades relacionadas à própria denúncia, podem contribuir para este panorama. Além disso, meninos e homens podem não perceber as situações de violência sexual como tal ou considerá--las como comportamentos de iniciação sexual e, assim, não efetuarem a notificação. Sendo os casos em meninos e homens menos notificados e, assim, mantidos em segredo, o acesso a essa população para a condução de pesquisas pode ser dificultado.

Note que o primeiro trecho abordou prioritariamente o "estado da arte", enquanto no segundo direções sobre o tema abordado foram indicadas.

> Mesmo, aparentemente, em menor número, os casos de violência sexual masculina ocorrem e necessitam de atenção. Ao se estudar e divulgar dados acerca da vitimização sexual masculina, pode-se iniciar um movimento de mudança cultural de subnotificação destes casos no Brasil. Estudos futuros podem contribuir para a desmistificação da violência sexual masculina evidenciada pela escassez de estudos nacionais sobre o assunto. Pesquisas sobre a dinâmica da situação de violência sexual, características das vítimas e autores, além de suas possíveis consequências a curto e longo prazos, fornecerão informações e dados que podem ser utilizados em estratégias preventivas e terapêuticas. Estudos internacionais, por exemplo, indicam a presença de dúvidas quanto à orientação sexual (Lisak, 1994; Tremblay & Turcotte, 2005; Weiss, 2010) e a tendência a comportamentos externalizantes (Maniglio, 2009; Ullman & Filipas, 2005) como consequências frequentes da violência sexual masculina. O estudo de meninos e homens brasileiros pode evidenciar peculiaridades devido a fatores ambientais e culturais, além de agregar novos conhecimentos aos já existentes.

Já estamos chegando ao final da produção de um ARL. Chegou, então, a hora de finalizar sua escrita. Tome muito cuidado nessa etapa! Há a tendência de os autores (e eu me incluo aqui) finalizarem seus textos sugerindo novas pesquisas. A não ser que o tema abordado em seu ARL seja pouco pesquisado, não faça isso! Bem (1995) afirma que isso é maçante e, quando for feito, deve ser no início do texto. Finalize seu ARL com conclusões gerais ou retomando a ideia principal do texto – a *clear take home message*. Veja o exemplo a seguir:

> Por se tratar de uma situação complexa, todos aqueles que possuem contato com meninos e homens, ou seja, pais, professores e profissionais devem ser capazes de identificar sinais e sintomas decorrentes da violência sexual para proceder aos encaminhamentos necessários. O aumento de publicações sobre o tema, bem como a educação continuada de profissionais e a divulgação na mídia podem ser benéficos para o reconhecimento de situações de violência sexual.

Agora chegou o momento de *revisar e formatar seu ARL*. Deixe-o de lado por algum tempo – o suficiente para que você não lembre mais detalhadamente seu conteúdo – e, depois disso, releia-o. A leitura e releitura de seu texto o auxiliará a verificar a sua clareza; mas isso não basta. Leia seu ARL em voz alta (Trzesniak & Koller, 2009), prestando atenção em cada palavra utilizada e na formação das frases. Esse é um bom momento para excluir palavras desnecessárias e revisar o tamanho de parágrafos e frases. À medida que revisa seu artigo, vá anotando as citações feitas ao longo do texto para a produção da lista de referências. Aproveite para formatar o texto de acordo com as normas da revista. Lembre-se de que os editores não julgam apenas o conteúdo de seu artigo, mas também sua apresentação. Um artigo fora das normas da revista será rejeitado mesmo antes de seu conteúdo ser lido.

Após isso, provavelmente você estará convicto de que seu ARL está pronto (e muito bom!) para ser submetido à apreciação de uma boa revista científica. Não quero desanimá-lo, mas esse ainda não é o momento de encaminhá-lo à revista escolhida.

Quando escrevemos um ARL, ficamos submersos em seu conteúdo e em nosso estilo de escrita. Por mais que você escreva bem, sempre há algo a melhorar, algo que, devido à familiaridade entre você e seu ARL, possa ter passado despercebido. Então, quando você concluir que o seu texto está suficientemente bom, passe para a próxima etapa: *entregue a um(a) colega sincero(a) e solicite sua opinião*. Preferencialmente, essa pessoa deve estar familiarizada com a escrita científica. Entregue seu ARL e prepare-se para receber críticas e sugestões, que certamente virão. Lembre-se de que o intuito dessas críticas e sugestões é o de contribuir para o aprimoramento do seu ARL (Echer, 2001). Assim, caso seu(ua) colega não entenda algo em seu texto ou lhe diga que ele precisa melhorar, não discuta, lembre que se trata de um favor que está sendo feito a você, além de uma contribuição ao seu trabalho. Como afirmou Bem (1995), uma boa escrita equivale a dar uma boa aula. O seu texto deve ser suficiente para que os leitores entendam o tema abordado, sem serem necessárias explicações adicionais.

Após a apreciação de seu ARL por um(a) colega, revise-o novamente e busque incorporar as sugestões feitas, bem como tornar o texto mais claro objetivando esclarecer dúvidas que surgiram. Pronto! Agora sim, chegou o momento de *encaminhar seu ARL para a revista escolhida*. Revise, mais uma vez, a formatação e o encaminhe.

Muito provavelmente seu ARL não será aceito nessa primeira submissão. Isso é normal, não se desespere! Fique muito feliz se você for convidado a ressubmeter seu ARL. Leia os pareceres atentamente, lembrando que os revisores são seus colaboradores nesse processo de produção e publicação do artigo. Não interprete as críticas ao seu ARL como críticas pessoais. Analise cada sugestão indicada e incorpore-as ao seu ARL. Bem (1995) sugere que a revisão e reorganização de um ARL, após a análise dos pareceristas, não deve ser feita a partir da tela do computador. Deve-se imprimir o texto, recortá-lo e reorganizar suas seções, escrever comentários e, após, editá-lo em seu computador. Depois disso, faça a ressubmissão. Se após isso seu artigo ainda não for publicado, não desista. Melhore-o e aprenda com cada erro cometido. Minha dica é lembrar que até mesmo o melhor editor da melhor revista científica certamente já teve dificuldade em escrever e em ter algum artigo aceito. O que ele fez? Com certeza continuou escrevendo, insistindo e, acima de tudo, aprendendo. Agora, cabe a ele nos ensinar para que um dia cheguemos onde ele chegou. Esse é o ciclo da ciência: estudar, aprender, errar, aprender mais, errar, aprender mais ainda, ensinar. Sigamos evoluindo!

REFERÊNCIAS

American Psychological Association (2012). *Manual de publicação da APA* (6. ed). Porto Alegre: Penso.

Bem, D. J. (1995).Writing a review article for Psychological Bulletin. *Psychological Bulletin, 118*, 172-177.

Echer, I. C. (2001). A revisão de literatura na construção do trabalho científico. *Revista Gaúcha de Enfermagem, 22*, 5-20.

Einsenberg, N. (2000). Writing a literature review. In R. J. Sternberg (Ed). *Guide to publishing in psychology journals* (pp. 17-34). Cambridge: Cambridge University Press.

Hohendorff, J. V., Habigzang, L. F., & Koller, S. H. (2012). Violência sexual contra meninos: Dados epidemiológicos, características e consequências. *Psicologia USP, 23*, 395-415. Petticrew, M., & Roberts, H. (2006). *Systematic reviews in the social sciences: A practical guide*. Oxford: Blackwell Publishing.

Sampaio, R. F. & Mancini, M. C. (2007). Estudos de revisão sistemática: Um guia para síntese criteriosa de evidência científica. *Revista Brasileira de Fisioterapia, 11*, 83-89.

Trzesniak, P. & Koller, S. H. (2009). A redação científica apresentada por editores. In A. A. Z. P. Sabadini, M. I. C. Sampaio, & S. H. Koller (Eds.), *Publicar em Psicologia: Um enfoque para a revista científica* (pp. 19-33). São Paulo: Associação Brasileira de Editores Científicos de Psicologia/Instituto de Psicologia da Universidade de São Paulo.

3
Como escrever um artigo de revisão sistemática

Angelo Brandelli Costa
Ana Paula Couto Zoltowski

A ideia contemporânea de uma revisão de pesquisas feita de maneira sistemática surgiu no final da década de 1970 a partir do conceito de metanálise. O termo foi criado por Gene Glass (1976), um pesquisador da área da psicologia, que definia metanálise como "a análise estatística de uma grande coleção de resultados de estudos individuais com a finalidade de integrar esses resultados" (p. 3). Glass demonstrou seu método em revisões sobre a influência do tamanho das turmas no processo educativo (Glass & Smith, 1979; Smith & Glass, 1980) e sobre a eficácia de psicoterapia (Smith, Glass, & Miller, 1980). Apesar do termo metanálise ser frequentemente utilizado como sinônimo de revisão sistemática, quando a revisão inclui uma metanálise, atualmente os dois termos possuem sentidos distintos (Sousa & Ribeiro, 2009). *Metanálise* refere-se ao procedimento estatístico de tratamento de dados de diversos estudos com o objetivo de agrupá-los, enquanto *revisão sistemática* se refere ao processo de reunião, avaliação crítica e sintética de resultados de múltiplos estudos, podendo ou não incluir uma metanálise (Cordeiro, Oliveira, Rentería, Guimarães, & Grupo de Estudo de Revisão Sistemática do Rio de Janeiro, 2007).

Inicialmente limitada à clínica médica, a revisão sistemática foi adotada por outros campos, como enfermagem, saúde mental, fisioterapia e terapia ocupacional. O desenvolvimento desse método de revisão da literatura na área da saúde deveu-se, especialmente, à Fundação Cochrane. Instituída em 1992, no Reino Unido, a fundação ajudou a disseminar estudos empregando a revisão sistemática na área da saúde e o método como referência para as pesquisas da medicina baseada em evidências (Alderson & Higgins, 2004). Atualmente, você pode encontrar revisões sistemáticas em diversos campos do conhecimento, incluindo a psicologia, avaliando e sintetizando evidências de uma ampla gama de questões de pesquisa e incluindo praticamente todos os tipos de estudo, para além das pesquisas de eficácia (Lopes & Fracolli, 2004).

A revisão sistemática é um método que permite maximizar o potencial de uma busca, encontrando o maior número possível de resultados de uma maneira organizada. O seu resultado não é uma simples relação cronológica ou uma exposição linear e descritiva de uma temática, pois a revisão sistemática deve se constituir em um trabalho reflexivo, crítico e compreensivo a respeito do material analisado (Fernández-Ríos & Buela-Casal, 2009). Seria possível simplesmente consultar livros-texto ou bases eletrônicas de dados que permitem que milhares de artigos sejam pesquisados em um período de tempo relativamente curto. No entanto, essa forma tradicional de revisão organiza o material de acordo com a perspectiva dos autores. Ao fazer uma revisão assim, corremos o risco de que a busca fique enviesada, já que, como autores, temos a tendência de supervalorizar estudos que estejam de acordo com nossas hipóteses iniciais e ignorar estudos que apontem para outras perspectivas. Nesse sentido, a revisão sistemática é um método que minimiza esse viés.

O objetivo do capítulo é ajudá-los na escrita de uma revisão sistemática de qualidade. Elencamos oito etapas básicas que podem servir como um guia durante todo o processo de construção desse trabalho:

1. delimitação da questão a ser pesquisada;
2. escolha das fontes de dados;
3. eleição das palavras-chave para a busca;
4. busca e armazenamento dos resultados;
5. seleção de artigos pelo resumo, de acordo com critérios de inclusão e exclusão;
6. extração dos dados dos artigos selecionados;
7. avaliação dos artigos;
8. síntese e interpretação dos dados (Akobeng, 2005).

Cada etapa será mais bem detalhada nas seções seguintes. É importante que você lembre que, embora seja possível se falar em etapas para a realização de uma revisão sistemática, isso é feito com caráter pedagógico. Você perceberá que essas etapas, por vezes, se relacionam e não ocorrem de maneira sequencial.

DELIMITAÇÃO DA QUESTÃO A SER PESQUISADA

A delimitação da questão a ser pesquisada é um passo fundamental para começar uma revisão sistemática. Se você buscar, por exemplo, a relação de mães e bebês, a pesquisa terá um número tão grande de resultados que inviabilizará qualquer tentativa de sistematização. Para que você faça uma busca relevante e sintética, é importante ter clara qual a relação entre os conceitos que se está buscando investigar. O problema de pesquisa de revisão pode ser decomposto em algumas partes que visam a facilitar a busca e a organização dos resultados encontrados. Petticrew e Roberts (2006) sugeriram estratégias facilitadoras para esse processo de desmembramento da questão de estudo, principalmente no caso de estudos sobre avaliação de eficácia: definição de qual é a população de interesse (p. ex., crianças, adolescentes, adultos jovens, etc.); de qual é a intervenção que se pretende avaliar (p. ex., psicoterapia individual, psicoterapia de casal, cursos, etc.); com o que a intervenção está sendo comparada (p. ex., outro tipo de intervenção, de curso, etc.); quais os desfechos a serem investigados, tanto positivos quanto negativos; qual o contexto em que a intervenção foi desenvolvida (p. ex., laboratórios, ambientes naturais, etc.). Além de revisões sistemáticas sobre eficácia de intervenção, existem outras perguntas que você pode fazer e que podem ser respondidas por uma revisão sistemática (Tabela 3.1).

Ao definir claramente a questão a ser pesquisada, você deve buscar por revisões já existentes que investiguem o mesmo tema, pois é um desperdício de recursos e de tempo reproduzir uma revisão sistemática recente já existente. Lembre-se, contudo, que o fato de já existir uma revisão sobre o assunto de interesse não elimina a necessidade de iniciar um novo trabalho. Revisões de qualidade, porém desatualizadas, ou revisões com problemas metodológicos intrínsecos podem justificar a realização de um novo estudo sobre o tema, buscando responder as lacunas das revisões anteriores. Uma vez circunscrita a questão a ser pesquisada, você pode seguir para os passos que compõem a revisão propriamente dita.

58 KOLLER, DE PAULA COUTO & HOHENDORFF (ORGS.)

☑ TABELA 3.1
Perguntas possíveis para uma revisão sistemática

Modelo	Exemplo
Eficácia	Quão eficaz é a terapia cognitivo-comportamental para crianças e adolescentes abusados sexualmente com transtorno de estresse pós-traumático? (Passarela, Mendes, & Mari, 2010)
Triagem e diagnóstico	Como ocorre o acolhimento a usuários dos serviços públicos? (Carvalho et al., 2008)
Fatores de risco e/ou proteção	Como o gênero se relaciona com as expectativas do uso de álcool? (Fachini & Furtado, 2012)
Interação entre intervenção e desfechos	Qual o impacto de intervenções para solucionar o problema das superlotações hospitalares? (Bittencourt & Hortale, 2009)
Prevalência	Qual a prevalência de maus-tratos na terceira idade? (Espíndola & Blay, 2007)
Processo de intervenções ou influências e eventos na vida das pessoas	Qual a influência paterna no desenvolvimento infantil? (Cia, Williams, & Aiello, 2005)
Metodologias	Quais são os instrumentos utilizados para avaliação do tabagismo? (Santos, Silveira, Oliveira, & Caiafa, 2011)
Custo-benefício	Qual a importância da cobrança de honorários para a prática psicoterapêutica? (Gross & Teodoro, 2009)

Fonte: Baseada em Petticrew e Roberts (2006).

ESCOLHA DAS FONTES DE DADOS

Existem diversas fontes que podem ser consultadas para compor um projeto de revisão. As bases eletrônicas de dados costumam ser a primeira opção, já que congregam um amplo volume de material sobre tópicos específicos e podem ser facilmente consultadas. Você pode fazer esta busca tanto em bases de dados especializadas (Quadro 3.1) quanto nas convencionais (Quadro 3.2). Observe que algumas das bases de pesquisas mais relevantes para a área da psicologia estão listadas no Quadro 3.2.

☑ QUADRO 3.1

Bases especializadas em revisões sistemáticas

Base	Característica
Cochrane Database of Systematic Review	Tratamentos de saúde e intervenções sociais
DARE	Tratamentos de saúde e intervenções sociais
Research Evidence in Education Library	Intervenções educacionais
The Campbell Collaboration	Intervenções sociais e políticas públicas
The Evidence for Policy and Practice Information and Co-ordinating Centre (EPPI-Centre)	Saúde, sociais e políticas públicas
The Joanna Briggs Institute	Saúde

Dependendo da questão de pesquisa e dos critérios de inclusão, a *grey literature* pode ser também uma boa fonte de referências para o seu estudo. O termo *grey literature* refere-se às produções científicas que não são veiculadas nos meios usuais de publicação. Ela inclui informativos publicados por organizações governamentais, não governamentais, materiais produzidos por grupos de pesquisas e disponibilizados apenas em *websites*, teses e dissertações, entre outros. Perceba que uma fonte interessante de consulta de resumos da produção acadêmica brasileira encontra-se no próprio repositório de teses e dissertações da CAPES (www.capes.gov.br).

Outra estratégia interessante que você pode adotar é a busca nas referências dos artigos já selecionados para revisão. Se essa estratégia for adotada, ela deve estar descrita na seção do método. É pouco provável que um artigo que investiga assédio moral no trabalho, por exemplo, não utilize como referência diversos estudos clássicos sobre o assunto que podem ter ficado de fora da sua revisão. Atente que essa não deve ser a única estratégia de busca utilizada, visto que você corre o risco de não contemplar uma gama de outras possibilidades de estudos não citados naquele artigo específico.

A partir da escolha das fontes de dados, parte-se para a busca dos artigos relacionados à questão de pesquisa. A definição de palavras-chave adequadas torna-se então uma etapa fundamental para se chegar a um número significativo e representativo de resultados.

QUADRO 3.2
Bases de dados eletrônicas

Base	Característica
EBSCO	Base de dados multidisciplinar. Estão disponíveis referenciais com resumos e textos completos.
ERIC	Base de dados sobre educação e temas relacionados. Indexa artigos, resumos de congressos, teses, dissertações, monografias, dentre outros materiais. Acesso gratuito.
Gale	Base de dados multidisciplinar. Contém textos completos.
JSTOR	Base de dados multidisciplinar dividida em coleções específicas (humanidades, ciências sociais, matemática e estatísticas).
PsycINFO	Base de dados em psicologia, educação, psiquiatria e ciências sociais. Editada pela American Psychological Association (APA).
PubMed/MedLine	Foco em literatura biomédica e ciências da vida. Contém textos completos. Acesso gratuito.
SAGE	Foco nas áreas de ciências humanas e ciências sociais aplicadas. Contém textos completos.
Science Direct	Base de dados multidisciplinar que contém textos completos.
SCOPUS	Base de dados multidisciplinar de resumos e de fontes de informação de nível acadêmico. Indexa periódicos e patentes, além de outros documentos.
Web of Science	Base de dados multidisciplinar que indexa apenas os periódicos mais citados em seus respectivos campos. Atua também como índice de citações.
Banco de teses da CAPES	Base multidisciplinar que reúne teses e dissertações brasileiras. Acesso gratuito.
BVS	Biblioteca virtual em Saúde. Permite realizar uma busca integrada nas bases de dados da BIREME. Contém referências com resumos. Acesso gratuito.
LILACS	Base de dados da Literatura Latino-Americana e do Caribe em Ciências da Saúde. Reúne publicações a partir de 1982. Acesso gratuito.
PePSIC	Base de dados de periódicos científicos em Psicologia e áreas afins. Possui artigos com texto completo. Acesso gratuito.
SciELO	Biblioteca eletrônica que integra periódicos científicos do Brasil e América Latina e Caribe. É uma base multidisciplinar que contém textos completos. Acesso gratuito.
Google Scholar	Ferramenta ampla de busca. Possibilita a pesquisa de materiais variados, como resumos de congressos e trabalhos completos. Acesso gratuito.
Periódicos CAPES	Biblioteca virtual que reúne e disponibiliza produção científica internacional. Acesso a textos completos.

ELEIÇÃO DAS PALAVRAS-CHAVE PARA A BUSCA

As palavras-chave sintetizam os conceitos ou as variáveis principais investigados em determinado estudo. Perceba que para selecionar os artigos para a revisão sistemática, as palavras-chave precisam ser sensíveis o suficiente para acessar adequadamente o fenômeno, indicando um número representativo de trabalhos. Porém não podem ser sensíveis demais, retornando muitos resultados, inviabilizando o projeto de revisão.

Uma maneira de definir as palavras-chave é procurá-las em *thesaurus* ou banco de terminologias. O objetivo principal da utilização de um banco de terminologias é a realização de uma busca rápida e bem-sucedida de publicações acadêmicas. A unificação de terminologias favorece o diálogo entre a comunidade científica, à medida que inibe a proliferação de diferentes conceitos para retratar um mesmo fenômeno. Com esse intuito, o Tesauro de Termos em Psicologia (*Thesaurus of Psychological Terms),* da APA, caracteriza-se como o instrumento mais reconhecido da área para busca e atribuição de palavras-chave. É uma ferramenta adotada por bibliotecas, autores e editores de periódicos. O Tesauro foi desenvolvido a partir da compilação dos termos mais representativos da literatura. Além do Tesauro da APA, você pode utilizar o MeSH (*Medical Subject Headings*), que é um vocabulário de terminologias específico para indexações na base de dados PubMed. Nesse caso, envolve terminologias da literatura biomédica. No Brasil, a terminologia em psicologia desenvolvida pela Biblioteca Virtual em Saúde (BVS-Psi) inspira-se na construção do Tesauro da APA e se chama Terminologia em Psicologia. Da mesma forma que as terminologias anteriores, a ferramenta desenvolvida pela BVS-Psi propõe a indicação de palavras-chave, sendo constantemente atualizada por meio de novos descritores.

Embora esses bancos de terminologias sejam fontes importantes de busca de palavras-chave, você não deve tomá-los como critérios definitivos. Um exemplo é a pesquisa de Costa, Bandeira e Nardi (2013), que buscava instrumentos que avaliam homofobia e construtos correlatos. Essa revisão sistemática foi conduzida no PubMed, PsycINFO, ERIC e JSTOR em maio de 2011, buscando artigos revisados por pares em periódicos indexados a partir de 1993, dada a existência de uma revisão que incluiu artigos publicados até essa data. Desde 1982, a American Psychological Association sugere o uso do termo *Attitudes toward homosexuality* no lugar de *Homophobia*. No entanto, como diversos construtos referindo-se ao mesmo fenômeno foram encontrados na literatura, optou-se por utilizar todos. Uma busca inicial foi realizada para confirmar a presença ou a ausência de resultados com cada um dos termos. Mantiveram-se os termos que retornaram algum resultado. A busca final utilizou os seguintes termos: (*homosexual prejudice OR homosexuality prejudice OR attitudes toward homosexual OR homophobia OR homonegativity OR ho-*

monegativism OR antihomosexualism OR antihomosexuality OR heterosexism OR heteronormativity OR homophobic OR homosexphobia OR attitudes toward homosexuality) AND (*measurement OR test OR scale OR inventory OR assessment*). Perceba, por meio desse exemplo, que nem sempre a palavra-chave indicada para definir determinado fenômeno traduz a gama de construtos que vêm sendo utilizados pelos pesquisadores da área.

BUSCA E ARMAZENAMENTO DOS RESULTADOS

A busca exemplificada anteriormente utiliza uma *string*, ou seja, um conjunto de descritores com alguns operadores booleanos: AND, OR, parênteses. O objetivo de compor uma *string* para executar a sua pesquisa por literatura de interesse é unificar os procedimentos de busca em diversas bases e restringir ou ampliar o que se deseja buscar. Cada base de dados utilizará operadores específicos; assim, não se esqueça de consultar as instruções de cada base, a fim de compor a *string* corretamente.

Diferentemente de uma revisão convencional, o processo de busca na revisão sistemática deve obedecer alguns procedimentos cuidadosos. Em primeiro lugar, a *string* utilizada deve ser documentada, bem como o número de artigos incluídos e excluídos. A utilização de figuras facilita a ilustração do processo (Figura 3.1).

Em segundo lugar, é importante que a busca seja realizada por pelo menos dois juízes no mesmo intervalo de tempo, a fim de minimizar o viés no processo de busca. Como novos artigos são acrescentados nas bases a cada momento, a delimitação temporal em que a revisão ocorreu (p. ex., 2008-2012) é imprescindível, explicitando os motivos para restrições de data de publicação nos artigos buscados. Além disso, deve-se definir a data em que a busca pelos artigos foi realizada nas bases de dados (p. ex., dezembro de 2012). Posteriormente, o resultado da seleção feita por esses juízes será comparado, a fim de se chegar a um consenso. Caso o consenso não seja alcançado, estratégias devem ser encontradas. Essas estratégias vão desde uma nova busca por um terceiro juiz até uma discussão entre juízes a respeito dos resultados encontrados a fim de um novo consenso.

Embora não seja imprescindível a sua utilização, alguns programas foram desenvolvidos para facilitar a sistematização dos resultados das buscas em projetos de revisão e a posterior análise dos resumos. O *EndNote* é um dos *softwares* mais utilizados para o gerenciamento de referências para artigos e demais textos acadêmicos, além de possibilitar acesso gratuito pelo portal do Periódicos Capes. Ele possui algumas utilidades principais: busca e importação *online* e em qualquer idioma em bases de dados, como PubMed e SciELO, organização de referências, imagens e outros tipos de arquivos na biblioteca

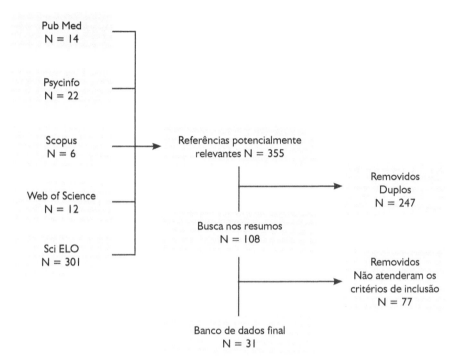

FIGURA 3.1
Resultado da busca de Costa, Peroni, Bandeira e Nardi (2012).

do programa e procura de artigos automaticamente a partir das referências. Além dessas possibilidades, o *EndNote* permite o acréscimo de um componente interessante que facilita trabalhos colaborativos entre colegas: o *EndNote Web*. Essa ferramenta permite transferir e compartilhar materiais entre diferentes pessoas e computadores, via *web*. Além do *EndNote*, o *Refworks* é uma ferramenta que auxilia na busca, no gerenciamento e no compartilhamento de diversos tipos de arquivos, como citações e referências. Possibilita importar referências de arquivos e de base de dados. Como é um programa disponível *online*, seu acesso pode ser realizado em qualquer lugar, desde que os pesquisadores realizem o *login* na área de acesso. Ao contrário do *EndNote*, o *Refworks* não possibilita acesso gratuito via Periódicos Capes. Para acessá-lo, os pesquisadores deverão comprar uma licença.

É inevitável que a busca retorne resultados irrelevantes, não importa o quão bem-sucedido você tenha sido com o processo de eleição de palavras-chave. Assim, o trabalho de seleção dos resultados retornados de acordo com critérios de inclusão e exclusão constitui o próximo passo.

SELEÇÃO DE ARTIGOS PELO RESUMO, DE ACORDO COM CRITÉRIOS DE INCLUSÃO E EXCLUSÃO

Os artigos potencialmente relevantes selecionados na busca devem ser classificados a partir de critérios de inclusão e exclusão. A fim de minimizar os vieses, essa etapa também deve ser realizada por dois juízes independentes que analisarão os resumos dos artigos armazenados previamente.

Perceba que você pode adotar diversos critérios de inclusão e exclusão como filtro para os artigos selecionados. Critérios metodológicos, como delineamento utilizado (p. ex., experimentos, levantamentos, estudos de caso); tipo de instrumento utilizado (p. ex., entrevistas, grupos focais, testagem, etc.); análise dos dados (p. ex., análise de conteúdo, fenomenologia, testes estatísticos, etc.), caracterizam-se como aspectos fundamentais para seleção dos estudos. Outros critérios de inclusão e exclusão que podem ser levados em consideração são o idioma de publicação, a realização da pesquisa em determinado contexto ou cultura, etc. Na pesquisa de Costa, Peroni, Bandeira e Nardi (2012), por exemplo, foram identificados estudos acerca do preconceito contra orientação sexual no contexto brasileiro. Os critérios de inclusão adotados foram o estudo ser empírico, abordar predominantemente o tema preconceito contra orientação não heterossexual (ou construto correlato como homofobia, heterossexismo, atitudes negativas em relação à homossexualidade, entre outros) e ter como foco de investigação a população brasileira. Dados esses critérios de inclusão, 77 artigos da busca inicial foram removidos (ver Figura 3.1).

Perceba que, após a etapa de seleção dos artigos, os estudos que compõem o banco final devem ser explorados de maneira pormenorizada. Nessa nova fase, vista a seguir, você necessita atribuir um olhar mais atento e cuidadoso na extração e na análise dos dados dos estudos selecionados.

EXTRAÇÃO DOS DADOS DOS ARTIGOS SELECIONADOS

Até esse momento, o trabalho foi realizado com os resumos sendo analisados em *softwares* para gerenciamento de referências bibliográficas. Para garantir a qualidade no processo de extração de dados, é importante que você localize os textos completos dos artigos que compõem o banco final. Caso haja dificuldade em acessar o texto completo de algum artigo, essa informação deve constar de maneira clara na seção do método e esse artigo deve ser deixado de fora dos resultados finais. O trabalho de extração de dados também deve ser realizado por dois juízes, buscando o consenso, a fim de reduzir vieses. Um procedimento interessante a ser adotado é, primeiramente, inserir em uma planilha os dados mais gerais dos artigos, segundo algumas categorias, tais como: nome do estudo, referencial teórico, objetivos, localização temporal da intervenção, contexto, instrumentos, descrição dos participantes, principais achados, entre outros. Esse procedimento auxilia na visualização mais geral dos artigos, possibilitando organizá-los e compará-los.

A categorização inicial colabora para a avaliação crítica dos estudos, uma vez que, com a decomposição dos artigos em categorias, conseguimos visualizar possíveis limitações metodológicas significativas. Além disso, nem todos os aspectos presentes nos estudos se prestam a serem extraídos a partir das categorias definidas. Nesse sentido, é importante que você leve em conta e registre, durante o processo de extração de dados, pontos altos e baixos de cada estudo que possam ajudar na avaliação dos artigos, em conjunto com outros critérios descritos a seguir. Como pontos baixos, podemos citar limitações metodológicas, análises estatísticas inadequadas, problemas com amostragem, etc. Como pontos altos, podemos considerar achados relevantes que atendam ao objetivo da revisão, delineamentos fortes e tratamento adequado dos dados.

AVALIAÇÃO DOS ARTIGOS

A avaliação dos artigos visa a constatar se eles são ou não pertinentes para responder à pergunta de pesquisa. Nesse ponto, você se pergunta com mais clareza: Os participantes dos estudos revisados representam a população que quero estudar? Os estudos apresentam alguma limitação que pode comprometer a interpretação do seu resultado final?

Uma possibilidade é avaliar os estudos a partir do delineamento utilizado, por exemplo, dando maior ênfase aos resultados que apresentem delineamentos experimentais e quase-experimentais. Já para delineamentos qualitativos, você pode utilizar a estratégia de metassíntese, que envolve a análise da teoria, dos métodos e dos resultados de estudos qualitativos, levando a uma síntese do fenômeno estudado. Outra possibilidade é utilizar como critério de avaliação o referencial teórico, classificando os estudos de acordo com a qualidade da utilização dos construtos adotados. Outros critérios podem ser evocados no caso de uma revisão de instrumentos. Por exemplo, na revisão de Costa, Bandeira e Nardi (2013) foram utilizadas as noções de validade e fidedignidade do *Standards for Educational and Psychological Testing* (American Educational Research Association, American Psychological Association & National Council on Measurement in Education [AERA, APA, & NCME], 1999). Nesse caso, realizaram-se inferências nos estudos selecionados avaliando-se os dados de acordo com critérios como: conteúdo, validade, estrutura interna e fidedignidade.

O caminho natural de uma revisão sistemática é remover artigos durante esse processo por não apresentarem dados a serem extraídos, ou por não serem bem-avaliados a partir dos critérios que foram estabelecidos pelos pesquisadores. Dessa forma, não se preocupe se perceber que isso está acontecendo com seu trabalho. No entanto, dependendo do objetivo da sua revisão, mesmo artigos aparentemente problemáticos podem ser mantidos. Algumas revisões podem ter por objetivo mostrar a qualidade da produção acadêmica em determinada área, indicando problemas metodológicos. Nesse caso, estudos que não atendam satisfatoriamente os critérios de avaliação devem ser mantidos, pois refletem exatamente a qualidade do campo.

SÍNTESE E INTERPRETAÇÃO DOS DADOS

O processo de revisão sistemática pode ser comparado à montagem de um quebra-cabeça (Petticrew & Roberts, 2006). Os artigos localizados representam as peças, e os processos de avaliação servem para determinar criticamente se essas peças fazem ou não parte da figura que se quer montar. Contudo, um quebra-cabeça não é composto apenas por peças individuais. As peças devem ser organizadas de forma coerente para responder à problemática inicial de pesquisa. Essa etapa constitui o trabalho de síntese dos resultados.

As sínteses diferenciam-se dependendo dos delineamentos dos estudos revisados. No caso dos estudos quantitativos, com delineamentos similares, a síntese é facilitada com a possibilidade de se comparar os estudos. Esse tipo de revisão permite, inclusive, uma síntese estatística. Entretanto, na psicologia, a revisão costuma incluir delineamentos heterogêneos e qualitativos, o que exige uma síntese narrativa. Para isso, você deve definir uma categorização lógica para comparar os resultados dos estudos, explorando suas similaridades e diferenças. Por exemplo, iniciar a síntese com estudos que investigam determinado contexto, expondo em seguida estudos que adotam o mesmo delineamento ou referencial teórico.

Além disso, você pode utilizar tabelas para ilustrar sinteticamente o processo de apresentação dos resultados da revisão, tanto para dados qualitativos como para quantitativos. Por exemplo, a partir do processo de avaliação das escalas revisadas no estudo de revisão sistemática conduzido por Costa, Bandeira e Nardi (2013), foram pontuadas a qualidade das evidências de validade e fidedignidade por meio de uma escala de 10 pontos, que variava de 1 (*pouca qualidade*) a 10 (*ótima qualidade*). Os autores sumarizaram ainda a análise qualitativa dos instrumentos presente na discussão do artigo (Quadro 3.3).

QUADRO 3.3

Avaliação dos instrumentos revisados

Avaliação			
Instrumento	**Qualidade[a]**	**Prós**	**Contras**
Index of Attitudes toward Homosexuals (IAH)/Index of Homophobia (IHP)	10	Muitas evidências	Avalia somente o componente afetivo
Attitudes Toward Lesbians and Gays Scale (ATLG)	9	Versão curta e subescalas Gay e Lésbica	–
Homophobia Scale	9	Avalia os componentes afetivo, cognitivo e comportamental	Poucas evidências
Implicit Association Test (IAT)	9	Alternativa aos questionários	Pouca estabilidade temporal

Nota. [a] Variando de 1 (pouca qualidade) a 10 (ótima qualidade).

COMO ESCREVER UM ARTIGO DE REVISÃO SISTEMÁTICA

Concluída a delimitação da questão de pesquisa, a escolha das fontes de dados e das palavras-chave, a busca e o armazenamento dos resultados, a seleção de artigos pelo resumo (de acordo com critérios de inclusão e exclusão), a extração dos dados dos artigos selecionados, sua avaliação, a síntese e interpretação dos dados, é chegado o momento de escrever o seu artigo de revisão sistemática. Não esqueça que a redação de um artigo de revisão sistemática deve ser feita de maneira clara e precisa, com todos os processos pormenorizadamente detalhados. A escrita do artigo respeita o desenho tradicional da escrita científica: introdução, método, resultados e discussão. Durante o processo de redação, observe o tempo transcorrido entre o começo de sua revisão e a posterior publicação do estudo, visto que a revisão pode tornar-se obsoleta, caso essa etapa se prolongue em demasia.

Na introdução do artigo, você deve fazer uma síntese, situando teoricamente a temática que será abordada, indicando a existência ou não de revisões anteriores que justifiquem a nova revisão. O ponto essencial dessa seção é a definição do problema de pesquisa e hipóteses, se for o caso. No método, as estratégias de busca devem ser expostas de forma clara, com a descrição das palavras-chave, das bases de dados exploradas, do período da busca, dos critérios de inclusão e exclusão e dos dados que foram extraídos. Deve-se priorizar o uso de figuras para ilustrar todo o processo. O consenso entre os juízes em cada uma das etapas também deve ser informado, assim como os métodos adotados para avaliar os estudos. Já nos resultados, deve-se fornecer informações descritivas sobre os estudos incluídos, bem como dados da avaliação desses estudos, caso essa etapa tenha sido realizada. Na discussão, a tarefa dos pesquisadores é integrar coerentemente a gama de resultados dos estudos analisados por meio de uma síntese narrativa e/ou estatística. Também é imprescindível a explicitação das limitações da revisão, como: generalização ou não dos resultados, consideração de outras sínteses para os resultados encontrados e possibilidade de encontrar outros resultados com o uso de novas palavras-chave e base de dados. Pode-se, inclusive, sugerir futuras pesquisas a partir da síntese realizada caso a real necessidade de conduzi-las.

Para facilitar o processo de redação de um artigo de revisão sistemática, você pode utilizar este *checklist* que resume os principais pontos a serem contemplados para a produção de um artigo de qualidade:

✓ A pergunta de pesquisa e os critérios de inclusão foram bem estabelecidos antes do começo da revisão propriamente dita.
✓ Os artigos foram coletados e os dados foram extraídos por pelo menos dois juízes. Dados sobre a concordância ou consenso são fornecidos.
✓ Pelo menos duas fontes de dados (bases eletrônicas) foram utilizadas. As bases de dados, bem como a data em que a busca foi realizada, são apresentadas. As palavras-chave (ou *string*) utilizadas são fornecidas.
✓ Os critérios de exclusão são fornecidos. A não inclusão de *grey literature* de artigos escritos em algum idioma específico é explicitada.
✓ Uma figura ilustrando os artigos incluídos e excluídos é fornecida.
✓ A descrição dos estudos (p. ex., em uma tabela) é fornecida, resumindo participantes, intervenções, ano de publicação, características da amostra, raça, idade, sexo, desfechos, etc.
✓ A qualidade dos estudos foi avaliada (qualidade do uso do referencial teórico, das análises qualitativas, do poder do delineamento, limitações metodológicas, etc.).
✓ A qualidade dos estudos revisados foi levada em conta nas conclusões.

Por fim, sabe-se que escrever uma revisão sistemática envolve muitos desafios, especialmente no campo da psicologia, uma vez que nas ciências sociais e humanas não há uma tradição (presente nas ciências biomédicas, de onde essa metodologia de pesquisa é derivada) na utilização de palavras-chave indexadas e na construção de resumos de maneira uniforme. Contudo, sua importância é crucial, pois nos ajuda a organizar, analisar criticamente e levantar evidências mais sólidas, ou seja, integrar o número cada vez maior de peças do complexo quebra-cabeça da produção científica.

ENDEREÇOS ELETRÔNICOS DAS BASES DE DADOS

EBSCO: http://www.ebscohost.com/

ERIC: http://www.eric.ed.gov/

Gale: http://www.gale.cengage.com/

JSTOR: http://www.jstor.org/

PsycINFO: http://www.apa.org/psycinfo/

PubMed/MedLine: http://www.ncbi.nlm.nih.gov/pubmed

SAGE: http://online.sagepub.com/

Science Direct: http://www.sciencedirect.com/

SCOPUS: http://www.scopus.com/

Web of Science: http://thomsonreuters.com/web-of-science/

Banco de teses da CAPES: http://capesdw.capes.gov.br/capesdw/

BVS: http://www.bvs-psi.org.br/

LILACS: http://lilacs.bvsalud.org/

PePSIC: http://pepsic.bvsalud.org/

SciELO: http://www.scielo.org/

REFERÊNCIAS

American Educational Research Association, American Psychological Association & National Council on Measurement in Education (1999). *Standards for Educational and Psychological Testing*. Washington, DC: AERA.

Akobeng, A. K. (2005). Understanding systematic reviews and meta-analysis. *Archives of Disease in Childhood, 90*, 845-848.

Alderson P., & Higgins J. (2004). *Cochrane Reviewers' Handbook 4.2.2 updated March 2004*. Chichester, UK: John Wiley & Sons, Inc.

Bittencourt, R. J., & Hortale, V. A. (2009). Intervenções para solucionar a superlotação nos serviços de emergência hospitalar: Uma revisão sistemática. *Cadernos de Saúde Pública, 25*, 1439-1454.

Carvalho, C. A. P., Marsicano, J. A., Carvalho, F. S., Sales-Peres, A., Bastos, J. R. M., & Sales-Peres, S. H. C. (2008). Acolhimento aos usuários: Uma revisão sistemática do atendimento no Sistema Único de Saúde. *Arquivos de Ciências da Saúde, 15*, 93-95.

Cia, F., Williams, L. C., & Aiello, A. L. R. (2005). Influências paternas no desenvolvimento infantil: Revisão de literatura. *Psicologia Escolar e Educacional, 9*, 225-233.

Cordeiro, A., Oliveira, G. M., Rentería, J. M., Guimarães, C. A., & Grupo de Estudo de Revisão Sistemática do Rio de Janeiro et al. (2007). Revisão sistemática: Uma revisão narrativa. *Revista do Colégio Brasileiro de Cirurgiões, 34*, 428-431.

Costa, A. B., Bandeira, D. R., & Nardi, H. C. (2013). Systematic review of instruments measuring homophobia and related constructs. *Journal of Applied Social Psychology.*

Costa, A. B., Peroni, R. O., Bandeira, D. R., & Nardi, H. C. (2012). Sexism or homophobia: A systematic review of prejudice against non-heterosexual orientations in Brazil. *The International Journal of Psychology.*

Espíndola, C. R. & Blay, S. L. (2007). Prevalência de maus-tratos na terceira idade: Uma revisão sistemática. *Revista de Saúde Pública, 41*, 301-306.

Fachini, A. & Furtado, E. F. (2012). Diferenças de gênero sobre expectativas do uso de álcool. *Revista de Psiquiatria Clínica, 39*, 68-73.

Fernández-Ríos, L. & Buela-Casal, G. (2009). Standards for the preparation and writing of Psychology review articles. *International Journal of Clinical and Health Psychology, 9*, 329-344.

Glass, G. (1976). Primary, secondary and meta-analysis of research. *Educational Researcher, 5*, 3-8.

Glass, G. & Smith, M. (1979). Meta-analysis of research on class-size and achievement. *Educational Evaluation and Policy Analysis, 1*, 2-16.

Gross, C. & Teodoro, M. L. M. (2009). A cobrança de honorários na prática clínica por psicoterapeutas: Uma revisão de literatura. *Aletheia, 29*, 117-128. Lopes, A. & Fracolli, L. (2008). Revisão sistemática de literatura e metassíntese qualitativa: Considerações sobre sua aplicação na pesquisa em enfermagem. *Texto & Contexto – Enfermagem, 17*, 771-778.

Passarela, C. M., Mendes, D. D., & Mari, J. J. (2010). Revisão sistemática para estudar a eficácia de terapia cognitivo-comportamental para crianças e adolescentes abusadas sexualmente com transtorno de estresse pós-traumático. *Revista de Psiquiatria Clínica, 37*, 60-65.

Petticrew, M. & Roberts, H. (2006). *Systematic reviews in the social science: A pratical guide.* Malden, MA: Blackwell Publishing.

Santos, J. D. P., Silveira, D. V., Oliveira, D. F., & Caiaffa, W. T. (2011). Instrumentos para avaliação do tabagismo: Uma revisão sistemática. *Ciência & Saúde Coletiva, 16*, 4707-4720.

Smith, M. & Glass, G. (1980). Meta-analysis of research on class size and its relationship to attitudes and instruction. *American Educational Research Journal, 17*, 419–433.

Smith, M., Glass, G., & Miller, T. (1980). *The benefits of psychotherapy.* Baltimore, MD: Johns Hopkins University Press.

Sousa, M. & Ribeiro, A. (2009). Systematic review and meta-analysis of diagnostic and prognostic studies: A tutorial. *Arquivos Brasileiros de Cardiologia, 92*, 241-251.

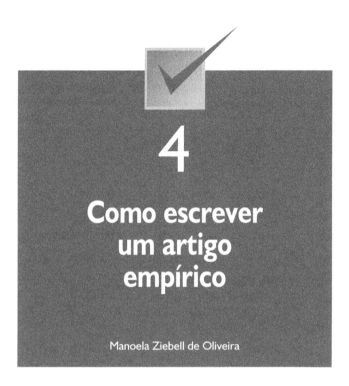

4
Como escrever um artigo empírico

Manoela Ziebell de Oliveira

Um dos primeiros conhecimentos que pesquisadores adquirem sobre sua rotina de trabalho é que a publicação de um artigo científico é uma longa e complexa empreitada. O principal objetivo deste capítulo é auxiliar você na elaboração de artigos empíricos com boas chances de publicação por meio da apresentação de um roteiro operacional. Ele é destinado tanto àqueles que nunca submeteram um artigo empírico para um periódico científico quanto aos que já tiveram seus artigos prontamente rejeitados ou aceitos. O texto a seguir foi organizado de acordo com os seguintes tópicos: como planejar um artigo empírico, como escrevê-lo, sua estrutura e como reescrevê-lo e aperfeiçoá-lo. Cada tópico apresentará orientações gerais e exemplos que poderão ajudar os autores a compreender melhor o que devem fazer e o que devem evitar ao (re)escrever seu artigo empírico. Você perceberá que, de maneira geral, não serão feitas distinções entre artigos quantitativos e qualitativos, pois a estrutura de ambos deve ser semelhante. No entanto, quando for necessário, as diferenças serão ressaltadas.

COMO PLANEJAR O ARTIGO?

Embora não faça parte do processo de relato de pesquisa empírica, a escolha do periódico para o qual seu artigo será enviado talvez seja a primeira e mais importante decisão a ser tomada. Ela influenciará o formato e o conteúdo de seu texto. Alguns dos diversos critérios que podem orientá-lo nessa tarefa serão discutidos a seguir. Use aquele(s) que mais lhe agradar(em), mas lembre--se que diferentes periódicos adotam critérios distintos para selecionar artigos e estratégias de divulgação.

Para entender melhor as características de cada periódico, basta consultar suas últimas edições. Na seção de instrução para autores, haverá indicações sobre o tipo de manuscrito aceito pelo periódico (relato de pesquisa, revisão de literatura, nota técnica, etc.) e todas as normas para submissão de artigos. Identifique quais tipos são comumente publicados. Ao analisar os três últimos números, você terá uma boa ideia de quais são os temas mais recorrentes, os métodos mais utilizados e até mesmo manuscrito autores e periódicos mais citados. Essa é uma forma de avaliar se o seu se adequa ao escopo do periódico e também quem serão seus potenciais leitores.

Imagine, por exemplo, que você realizou um estudo quantitativo sobre as carreiras de profissionais contemporâneos utilizando uma amostra de adultos. Você dificilmente irá considerar enviar seu manuscrito para um periódico sobre psicologia da saúde. Mas talvez tenha mais dificuldade para saber se seu trabalho é adequado a um periódico cujo escopo é o desenvolvimento ou a aplicação de medidas psicológicas. Em resumo, escolha aquele em que o seu manuscrito tem mais possibilidades de ser aceito. Ou modifique-o de acordo com as características do periódico para aumentar suas chances! E lembre-se que a maioria dos (senão todos os) periódicos das mais diversas áreas exige exclusividade de submissão do manuscrito. Isso significa dizer que você não deve enviar seu trabalho a mais de um veículo de divulgação ao mesmo tempo.

Contudo, se a intenção é publicar em um meio de divulgação reconhecido em sua área ou cujo processo editorial seja mais ágil, consulte colegas mais experientes. Pesquisadores que, como você, estão buscando divulgar seus trabalhos em periódicos científicos são ótimas fontes de informação sobre a agilidade, a organização e a qualidade de um processo editorial.

Outro critério que auxilia na escolha do periódico é o fator de impacto (FI). O FI é uma medida padronizada que, de acordo com muitos cientistas e agências de fomento, reflete a chance de um artigo ou de um periódico ter impacto e de fato contribuir para o conhecimento em sua área. Para maiores informações sobre o que é o FI e como ele é calculado, consulte Slafer (2008).

Embora haja razoável consenso sobre o uso do FI como critério de avaliação, essa medida vem sofrendo críticas. Nesse sentido, discute-se que esse não é o sistema mais adequado para avaliar os artigos produzidos em um periódico nem para avaliar o próprio periódico (Rocha & Silva, 2010), assim como não é adequado para avaliar pesquisas com temas muito específicos que, embora sejam menos citadas, são de extrema relevância para a área de conhecimento em que estão inseridas (Pinto & Andrade, 1999). Por isso, é recomendado que você considere a importância do FI, mas não o utilize como único critério para eleger o periódico para o qual submeterá seu manuscrito.

Uma alternativa para orientar sua escolha é o conceito atribuído ao periódico na última avaliação feita pela Coordenação de Aperfeiçoamento de Pessoal de Nível Superior (CAPES). Esse conceito, chamado de Qualis, visa a avaliar a qualidade da produção intelectual dos programas de pós-graduação. Atualmente, a classificação de periódicos por meio do Qualis é dividida em estratos indicativos da qualidade: A1; A2; B1; B2; B3; B4; B5; C. Os três primeiros são considerados os estratos superiores, B2 a B5 são estratos intermediários e C é o estrato inferior. No entanto, as avaliações são realizadas a cada três anos e esses critérios podem ser alterados com o passar do tempo, por novas comissões de avaliação. Por isso, ao usar o conceito Qualis, certifique-se de consultar sua última edição.

Verifique também em quantos e em quais serviços de indexação o periódico está inserido. Você provavelmente conhece e utiliza o *Medline*, o *PsycInfo*, o *PubMed*, o *Scopus, a Biblioteca Virtual em Saúde (BVS), o Scielo*, para nomear alguns dos melhores. A indexação por um maior número de serviços como esses garante maior disseminação do artigo entre pesquisadores da sua área e até mesmo de outras. Por isso, verifique o quão acessível é o periódico eleito antes de submeter o manuscrito.

Por fim, depois de fazer sua escolha, e antes de dar início à redação do manuscrito, defina a ordem de autoria do trabalho e quem será o(a) autor(a) correspondente, e use o bom senso para evitar conflitos desnecessários no decorrer do trabalho. A regra geral é que o nome do(a) pesquisador(a) que mais contribui com a realização do estudo deve aparecer primeiro, seguido pelos demais em ordem decrescente de contribuição (American Psychological Association [APA], 2012). Para maiores informações sobre a autoria de um trabalho científico, consulte Petroianu (2002), e sobre a legitimidade de autoria, consulte Wislar, Flanagin, Fontanarosa e DeAngelis (2011).

A ESTRUTURA DE UM BOM MANUSCRITO

As principais características de um bom texto científico são clareza e objetividade, e uma forma de garantir essas duas qualidades é ter uma escrita organizada. Felizmente, a padronização do formato dos artigos empíricos pelos periódicos científicos contribui muito para garantir a organização do texto.

Graças a essa padronização é possível identificar rapidamente informações relevantes de um artigo empírico, buscando a seção em que elas usualmente se encontram. Ainda assim é interessante e útil que você tenha critérios de organização próprios para o seu trabalho. Uma forma de fazer isso é criar um documento com as seções essenciais de um manuscrito e, em cada seção, listar as principais ideias e procedimentos realizados na ordem em que devem ser apresentados ao leitor (Bem, 2003). Esse "esqueleto" pode ser útil para orientar sua escrita e para verificar, ao final do processo, se o manuscrito está suficientemente organizado.

Ao escrever seu relato de pesquisa, utilize o pretérito perfeito, pois sua pesquisa já foi concluída e, dessa forma, você não confunde os leitores. Escreva de forma simples e direta para garantir a clareza de seu texto e redija frases curtas, evitando o uso de palavras desnecessárias. Apresente apenas as informações mais relevantes sobre o que você fez em ordem cronológica. Por fim, siga o próximo exemplo, releia seu texto e se certifique de que você não eliminou informações fundamentais à compreensão de suas ideias.

> Este trecho é a primeira versão do parágrafo que você acabou de ler. Você consegue perceber a diferença?
>
> [...] ~~Algumas medidas importantes para garantir a clareza de seu texto são: escreva~~ de forma simples e direta. ~~É importante que você~~ redija frases curtas e evite palavras ~~e expressões~~ desnecessárias. Apresente apenas as informações mais relevantes sobre o que você fez em ordem cronológica. ~~Comece relatando o seu primeiro passo e continue até o último.~~ Por fim, releia seu texto e certifique-se de ~~que ele está compreensível e de que não ficou telegráfico. Em outras palavras, tenha certeza de~~ que você não eliminou ~~palavras, expressões ou explicações~~ informações fundamentais à compreensão de suas ideias.

Segundo Bem (2003), existem dois tipos de artigo que podem ser escritos: aquele que foi planejado inicialmente e aquele que parece mais adequado para apresentar os resultados quando a sua pesquisa foi concluída. Nem sempre é possível seguir estritamente o plano de pesquisa, e as alterações feitas no decorrer do processo podem influenciar ou alterar completamente os resultados obtidos. Por isso, antes de redigir o artigo, é fundamental que você se aproprie bem dos resultados e tenha clareza sobre os procedimentos que o levaram até eles. Você deve informar o que aprendeu realizando o estudo e a melhor forma de fazer isso é dar ao artigo empírico o formato de ampulheta, como na Figura 4.1 (Bem, 2003).

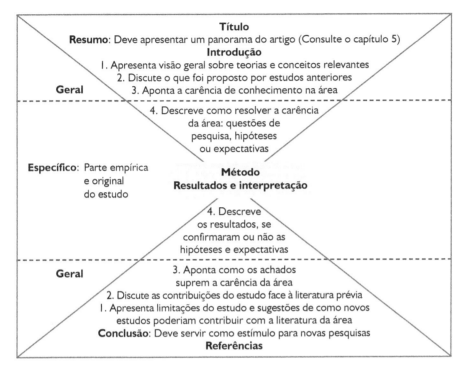

FIGURA 4.1
Estrutura em formato de ampulheta.

Como você pode ver na figura, a introdução e as considerações finais devem corresponder, respectivamente, à parte superior e à parte inferior da ampulheta e, por isso, devem ser mais gerais. A revisão de literatura e as conclusões devem remeter às publicações anteriores relacionadas ao seu trabalho. A questão de pesquisa e as hipóteses, por sua vez, devem ser retomadas na discussão dos resultados. No centro, devem estar as informações mais peculiares do estudo: o método e os resultados encontrados. Essa estrutura faz com que a parte superior seja o espelho da parte inferior da ampulheta (Bem, 2003). A seguir, exemplos do que escrever em cada seção, ou cada parte da ampulheta. Os trechos usados como exemplos ao longo do capítulo foram retirados de Oliveira, Barbosa e Gauer (2012).

A INTRODUÇÃO E A REVISÃO DE LITERATURA

Embora a introdução e a revisão de literatura comumente façam parte de uma seção que leva o título de uma delas (e em alguns periódicos não leva título), cada uma será descrita separadamente, por questões didáticas. Na introdução, você deve apresentar as primeiras ideias sobre o fenômeno que investigará de forma que interesse quem está lendo seu trabalho. Procure construir um argumento que tanto leigos quanto *experts* consigam compreender. Em aproximadamente uma página, apresente a questão de pesquisa, informe com que tipo de dados irá trabalhar e as vantagens do método escolhido para compreender seu problema. Não espere até a vigésima página para informar como será sua pesquisa. Ao final do segundo parágrafo, seus leitores já devem ter uma ideia clara sobre o que está por vir, mesmo que ainda não saibam qual o objetivo específico do artigo (White, 2005). Observe como os autores fizeram no exemplo abaixo.

> Nos últimos anos, diversos estudos têm explorado as mudanças no mundo do trabalho. Muitos deles apontam a existência simultânea de padrões de carreira tradicionais e de padrões modernos. As carreiras modernas se caracterizam por uma nova forma de contrato entre empregador e empregado, que já não envolve a promessa de um emprego para a vida toda, ou de um desenvolvimento de carreira linear e seguro, como nas carreiras tradicionais (Arthur & Rousseau, 1996) [...]. Por um lado, as mudanças nas relações de emprego demandam profissionais mais proativos e adaptáveis às necessidades do mercado de trabalho [...] Por outro lado, enfatiza-se uma flexibilização das rotinas e empregos ao valorizar a tomada de decisões de carreira orientadas por valores pessoais [...] e permitir maior mobilidade física e psicológica (Hall, 2002). Tal flexibilização foi um dos facilitadores para o aumento do número de mulheres ingressando nas organizações e assumindo cargos de chefia e gestão, ainda que estes ainda sejam ambientes dominados principalmente por homens (Hewlett & Luce, 2005; Schwartz, 1992).

Você consegue identificar o tema do estudo?

Após concluir a introdução, você deverá apresentar um resumo do que já foi produzido em sua área de investigação. Informe sobre achados de pesquisas anteriores, sobre as teorias usadas para compreender o fenômeno em questão, sobre os principais avanços em pesquisa e deixe claro o motivo pelo qual seu estudo é importante. Dessa forma, você possibilita aos leitores melhor compreensão do seu objeto de pesquisa e como ele se insere em um contexto mais amplo (White, 2005). Observe o exemplo a seguir:

> Apesar das mudanças atuais nessa configuração, muitas empresas contemporâneas ainda se organizam de acordo com a estrutura familiar tradicional dos anos 50 (Burke, 1999; Schneer & Reitman, 2006). Nela, o homem bem sucedido atende plena e integralmente às demandas de seu emprego (Schein, 1993, 2007) e delega responsabilidades do lar e da família à mulher (Drew & Murtagh, 2005). Como resultado, muitas profissionais não conseguem satisfazer as demandas das organizações e dedicar-se integralmente ao trabalho, enquanto que os homens assumem posições de maior destaque e com atribuições mais complexas na maioria das organizações (Hewlett & Luce, 2005; Schwartz, 1992). Pode-se pensar que essa complexidade e contradição se relacionem com a discrepância entre as rápidas transformações da realidade e as menos ágeis mudanças nos estereótipos e atitudes que homens e mulheres têm sobre o trabalho e os papéis sociais.

Note que os autores fizeram referências a publicações prévias para construir o argumento sobre as mudanças no mundo do trabalho e também para introduzir o problema dos estereótipos e das atitudes em relação a homens e mulheres neste contexto.

Pense na revisão de literatura como a parte superior da ampulheta: ela começa oferecendo uma visão geral sobre as teorias e conceitos relevantes. Depois fala sobre estudos empíricos anteriores e, então, introduz os aspectos relacionados ao seu problema ou suas questões de pesquisa. Ao final da revisão de literatura essas questões ou problema deveriam ser óbvios para quem está lendo o artigo, pois elas foram, de alguma forma, o foco da revisão (Bem, 2003; White, 2005).

Ao contrário do que acontece em uma dissertação ou tese, a revisão de literatura de um artigo apresenta um problema específico em vez de revisão compreensiva sobre tudo o que foi produzido em relação ao tema de pesquisa. Não é preciso e nem é possível descrever a evolução da perspectiva teórica em questão, retomar todos os trabalhos que já foram feitos sobre tópicos relacionados ao tema de interesse. Em outras palavras, não é necessário que o trabalho seja exaustivo (em nenhum sentido). Você não ganhará mais reconhecimento se referir cinco autores depois de cada afirmação que fizer. Portanto, quando escrever sobre temas já bem-estabelecidos, cite apenas uma ou duas boas referências e enfatize as informações fundamentais para o seu trabalho. E, a menos que você esteja propondo uma nova forma de conceber um tema já conhecido, não é necessário fazer uma revisão de todas as formas como ele foi concebido anteriormente (White, 2005).

Os critérios mais importantes em uma revisão de literatura são, portanto, relevância e equilíbrio. Certifique-se de que você está contemplando diferentes perspectivas sobre o mesmo tema (White, 2005) e que está se posicionando criticamente em relação a elas. Quando fizer isso, critique as pesquisas e os achados anteriores sempre que julgar necessário, mas não critique os autores. Informações adicionais sobre a escrita de revisões de literatura podem ser consultadas no Capítulo 2 deste livro.

Evite apresentar um resumo detalhado da área. Assuma que o leitor do seu trabalho tem algum conhecimento sobre o tema. Assim, refira-se apenas aos estudos e aos detalhes pertinentes para discutir a questão de pesquisa e evite aqueles que a tangenciam ou que são muito genéricos. Caso haja publicações com informações complementares sobre o tema que não foram incluídas na revisão, remeta quem está lendo a elas (APA, 2012). Dessa forma, pessoas que estão menos familiarizadas ou mais interessadas terão facilidade para encontrá-las.

Por fim, lembre-se que a revisão de literatura deve servir ao artigo que você está escrevendo e não ao que você planejou escrever. Assim, se suas análises resultaram em dados inesperados, pode ser necessário estudar novos modelos teóricos e outras literaturas para atribuir algum sentido aos achados. Isso significa que uma revisão elegante ou bem escrita não é suficiente. Ela deve ser capaz de conduzir o leitor, suavemente, ao método e aos dados obtidos – ou deve ser reformulada (Bem, 2003; White, 2005)!

O PROBLEMA DE PESQUISA

O problema (ou objetivo da pesquisa), as hipóteses, ou as questões de pesquisa são apresentadas ao final da introdução, conectando-a à seção de método. Em outras palavras, trata-se da conclusão da revisão de literatura e, simultaneamente, da introdução do método (Bem, 2003; White, 2005). É importante que a revisão apresentada até esse ponto justifique a relevância do seu artigo, de que forma promoverá avanço teórico, ou como impactará a prática profissional. Lembre-se de que a escassez de literatura científica sobre um tema não significa, necessariamente, que ele seja relevante e, portanto, não é suficiente para justificar a realização de uma pesquisa. O mesmo vale para as curiosidades pessoais dos investigadores. Portanto, apresente a literatura de forma a deixar claro para seus leitores por que seu trabalho é importante.

As questões de pesquisa e as hipóteses devem ser claramente expostas aos leitores, mesmo que não sejam colocadas formalmente no texto. Quando se tratar de análises quantitativas, essa seção deve apresentar as hipóteses e os resultados esperados, além de uma breve explicação sobre como as variáveis serão tratadas. No entanto, tal informação não é suficiente. Você deve apresentar as hipóteses e informar que relação espera encontrar quanto às variáveis investigadas (baseadas na literatura sobre o tema). Esclareça também quais outras variáveis podem interferir nos seus resultados e de que forma e informe como você pretende evitar que isso aconteça. Observe o exemplo a seguir:

> Considerando o contexto de mudanças no mercado de trabalho faz-se importante identificar vieses em relação a atitudes de carreira e gênero. Dessa forma o presente estudo teve um caráter notadamente metodológico, visto que seu principal objetivo foi criar e validar uma medida de associação implícita (TAI carreira-gênero) no domínio de atitudes de carreira contemporânea e tradicional em relação à categoria gênero. Também teve por objetivo comparar a medida de atitudes implícitas de carreira com uma medida explícita baseada em autorrelato sobre carreira e gênero, levantada por meio de questões abertas. Os resultados do presente estudo pretendem demonstrar a utilidade e a relevância do emprego combinado de medidas implícitas de carreira e gênero em processos de seleção e avaliação de pessoas. O uso deste instrumento em tais processos permitiria conhecer conjuntos de crenças sobre o mundo social que usualmente não são revelados pelos profissionais e que podem influenciar suas atitudes em relação à carreira.
>
> *Veja como os autores justificaram a relevância do estudo, informaram seus objetivos e expectativas.*

Em pesquisas qualitativas, você não testará possíveis relações entre variáveis. No entanto, poderá observar, coletar e descrever informações sobre como os diferentes variáveis podem estar relacionadas. Por isso, descreva as questões que serão exploradas (White, 2005). Na etapa qualitativa do estudo exemplificado, os pesquisadores solicitaram que os participantes citassem cinco palavras associadas aos estímulos indutores "características da mulher no mercado de trabalho" e "características do homem no mercado de trabalho". A expectativa em relação a essa etapa poderia ser descrita como no exemplo a seguir:

> Espera-se que nesta etapa os participantes associem diferentes grupos de características a profissionais de cada sexo, evidenciando as diferenças percebidas entre homens e mulheres no mercado de trabalho.

O MÉTODO

Nessa seção, deve ser informado de forma sucinta o que foi feito em seu estudo. O *Manual de publicação da APA* (APA, 2012) oferece informações detalhadas sobre aspectos que devem ser contemplados na seção de método. Em linhas gerais, você deve fornecer informações suficientes e de forma organizada, a fim de que outras pessoas que tenham acesso ao mesmo tipo de dados, assim como seus leitores, possam replicar a sua pesquisa e obter resultados semelhantes e comparáveis (White, 2005). Situações como essa são comuns em estudos multicêntricos, em estudos longitudinais e com bancos de dados

80 KOLLER, DE PAULA COUTO & HOHENDORFF (ORGS.)

muito extensos (que com frequência são analisados por diferentes pesquisadores). Lembre-se, no entanto, que uma boa descrição do método é fundamental, especialmente porque essa é a seção mais singular do seu texto. Mesmo que esteja replicando um estudo, você é um(a) pesquisador(a) diferente, seus participantes são outros, com contexto histórico e geográfico diverso, e seus resultados serão particularmente relacionados à aplicação desse método. Essa é a seção que garante a singularidade do seu estudo. Inicie caracterizando as pessoas que participaram de seu estudo. Depois, informe sobre os instrumentos utilizados e os procedimentos de coleta de dados. Por fim, exponha como seus dados foram analisados.

Participantes

Após definir seu problema de pesquisa, você deve determinar quem são os participantes que podem respondê-lo mais adequadamante. Descreva as principais características de sua amostra (e subamostras) de forma específica. Informe especialmente sobre características que podem influenciar a interpretação dos resultados. Você deve descrever qual a média de idade, o sexo dos participantes, sua nacionalidade, estado civil, etc. Mas deve reportar também outras características que possam contribuir para a compreensão da amostra ou que permitam entender o quão generalizáveis são os resultados. Para aspectos como nível socioeconômico, informe detalhadamente os critérios de classificação.

Além das características da amostra obtida, informe qual era o tamanho esperado de amostra e como esse número foi estabelecido. Informe também o número de participantes que saíram da amostra ao longo do estudo, caso tenha acontecido. Se você trabalhou com diferentes condições, informe quantos participantes deveriam fazer e quantos fizeram parte de cada condição. Observe o exemplo a seguir:

Participaram desse estudo 50 estudantes, 29 mulheres e 21 homens, recrutados por conveniência no curso de psicologia de uma universidade federal do sul do Brasil. A média de idade foi de 22 anos ($DP = 5,46$), e apenas 17 participantes haviam tido experiências prévias de trabalho. O tamanho da amostra foi determinado a partir das recomendações de Greenwald, Nosek e Banaji (2003). Estes autores indicaram que para obter resultados confiáveis e significativos no teste de associação implícita seriam necessários pelo menos 39 participantes. Por se tratar de uma investigação sobre gênero e carreira, buscou-se um equilíbrio entre o número de homens e mulheres que compuseram a amostra. Além disso, a seleção de alunos de um mesmo curso de graduação teve por objetivo eliminar variabilidade em função do curso.

Note que os autores descreveram o grupo de participantes, explicaram a escolha de alunos de graduação de um mesmo curso, e referiram a literatura para justificar o tamanho da amostra.

Instrumentos

Embora as subseções instrumentos e procedimentos, com frequência, sejam descritas em uma única subseção chamada instrumentos e procedimentos, cada uma será descrita separadamente por questões didáticas. Comece a descrever os instrumentos informando sobre sua origem e autoria. Inclua também créditos sobre a tradução e a adaptação quando necessário. Informe sobre o tipo de dados que podem acessar e sobre suas características psicométricas (p. ex., validade e fidedignidade) quando aplicável. Para ilustrar, descreva exemplos de itens e opções de resposta, bem como de questões que permitam aos leitores compreender os instrumentos escolhidos. Informe ainda sobre as dimensões de escalas e questionários e sobre o conteúdo de categorias estabelecidas *a priori*, quando houver. Essas informações, muitas vezes, ajudam a interpretar os comportamentos observados e permitem que os leitores do artigo possam avaliar se suas conclusões são ou não pertinentes (Bem, 2003; White, 2005). Por fim, se você estiver trabalhando com equipamentos incomuns, utilize recursos visuais que ajudem os leitores a compreenderem os detalhes de seu estudo (para um exemplo, consulte Castro & Gomes, 2011). Para maiores informações sobre como descrever os instrumentos, consulte o *Manual de publicação da APA* (APA, 2012). Observe o exemplo a seguir:

Medida explícita: consistiu em A) um questionário sociodemográfico composto de 12 perguntas sobre os participantes (sexo, idade, se já teve experiência de trabalho ou com o teste TAI, dentre outras); B) três questões abertas apresentadas separadamente a cada participante. A primeira e a terceira questão solicitavam que os participantes referissem cinco palavras relacionadas aos estímulos indutores (Oliveira, Marques, Gomes, & Teixeira, 2005): "características da mulher no mercado de trabalho" e "características do homem no mercado de trabalho". A terceira questão aberta "Qual é, em sua opinião o perfil de profissional ideal para o mercado de trabalho atualmente?" tinha por objetivo impedir uma comparação direta entre as respostas das questões previamente descritas.

Neste exemplo, os autores descrevem o instrumento utilizado na etapa qualitativa de seu estudo. Além disso, informam qual o objetivo do emprego do instrumento.

Procedimentos

Descreva com detalhes e em ordem cronológica a sequência de procedimentos utilizados para gerar os dados de sua pesquisa. Informe os critérios para inclusão e exclusão de sua amostra, explique como as pessoas foram convidadas a participar da pesquisa, descreva aspectos relevantes dos locais onde os dados foram coletados, dê exemplos das instruções que elas receberam e informe quem foi responsável pela coleta de dados e como eles foram armazenados (White, 2005). Descreva os padrões das respostas faltantes (*missing values*) e a perda de participantes (*attrition*), o motivo para que tenham ocorrido, como isso foi manejado e suas possíveis implicações (Bem, 2003; White, 2005).

Apresente as dificuldades encontradas durante a realização de seu estudo apenas em situações em que elas podem ter afetado a validade da interpretação dos resultados ou quando são relevantes para a replicação do estudo. Por exemplo, se houve dificuldade em manter os participantes de determinado sexo ou idade em sua amostra, informe por que isso ocorreu e qual o impacto sobre seus resultados. Detalhes procedimentais realizados antes e durante a coleta de dados devem ser mencionados quando puderem alterar os resultados obtidos (Bem, 2003). Por exemplo, se você estiver realizando uma pesquisa sobre o ambiente de trabalho e entrevistar parte de sua amostra no local de trabalho e outra parte na casa dos participantes, é essencial relatar essa informação. É possível que profissionais entrevistados no local de trabalho não se sintam à vontade para falar sobre temáticas relacionadas aos supervisores ou colegas, por exemplo. Se a coleta de dados foi realizada de forma presencial e *online* e não houver diferenças nos resultados de participantes em cada condição, relate esse resultado. Talvez ele reflita apenas uma realidade de sua amostra e não se repita em outros estudos. Se, no entanto, você enviou *e-mails* de agradecimento a um grupo de participantes após a coleta e não enviou o mesmo *e-mail* ao outro grupo, não é necessário apresentar essa informação. Isso porque o procedimento de envio de *e-mails* ocorreu após a coleta de dados e, dessa forma, não há possibilidade de tê-los alterado.

Nos procedimentos, você também deve informa se o trabalho foi submetido e aprovado por algum comitê de ética. Por fim, discuta quaisquer questionamentos que ele possa gerar em relação aos aspectos éticos. Faça isso independentemente de sua amostra ser composta por seres humanos ou por animais. Um exemplo comum em pesquisas clínicas é a alocação de participantes em grupos para tratamento com placebo ou com medicamento. Nesse caso, você deve informar o que fez para respeitar os princípios éticos de justiça e beneficência. Para mais informações sobre ética em pesquisa, consulte o *website* do Conselho Nacional de Saúde (http://conselho.saude.gov.br).

Análise de dados

Antes de tudo, informe como você tratou os dados brutos das escalas, entrevistas ou experimentos realizados. Diga se os escores foram padronizados, se as entrevistas foram transcritas, como os comportamentos observados foram codificados, etc. Informe, ainda, sobre as análises realizadas. Quando optar por

MANUAL DE PRODUÇÃO CIENTÍFICA **83**

análises que são tradicionalmente utilizadas em estudos semelhantes ao seu, você pode descrevê-las brevemente. Se preferir utilizar análises que não são comuns ou se seus dados não atenderem os pressupostos da análise realizada, deixe claro o motivo de sua escolha. Nesse caso, procure explicar brevemente a técnica de análise e cite algumas referências que sustentem sua escolha. Por fim, se a análise escolhida for inovadora, explique-a detalhadamente. Lembre--se que em algumas situações a forma como os dados são analisados é mais importante do que os dados gerados por elas. Nesses casos, o método de análise e sua fundamentação têm o mesmo estatuto epistemológico de uma teoria, devendo ser apresentado na introdução do artigo. Observe o exemplo a seguir:

> A análise dos dados do TAI seguiu as orientações de Greenwald, Nosek, e Banaji (2003) para o cálculo do algoritmo "D". A medida "D" consiste em valores de variação padronizada de diferenças de médias. Trata-se do cálculo da média das diferenças entre as médias de latência dos grupos de blocos considerados críticos (Média do Bloco 4 – Média do Bloco 3; Média do Bloco 6 – Média do Bloco 7), dividida por seus respectivos desvios padrões. Por se tratar de uma medida padronizada, a medida "D" varia de -2 a 2, tendo o valor 0 como a ausência de interpretação, ou seja, a não diferença de forças entre os pares de associação medidos no teste (Greenwald, Nosek, & Sriram, 2006). Todos os procedimentos de ajuste necessários para o cálculo da medida "D" propostos por Greenwald, Nosek e Banaji (2006) foram observados. Os resultados obtidos pelos participantes na medida "D" foram categorizados em seis grupos de viés: Negativo Alto (-2 a -1,32), Negativo Médio (-1,31 a -0,67), Negativo Baixo (-0,66 a 0), Positivo Baixo (0,01 a 0,66), Positivo Médio (0,67 a 1,31) e Positivo Alto (1,32 a 2). Além do cálculo do algoritmo "D" foram realizados testes t para comparação de médias entre os grupos de blocos críticos, entre grupos de homens e mulheres e de participantes que já haviam (ou não) tido experiências prévias de trabalho.

Note que, ao descrever o método de análise utilizado, os autores citaram referências de estudos anteriores para justificar os procedimentos de análise adotados.

Ao trabalhar com dados qualitativos, tenha ainda mais cuidado ao descrever os procedimentos de análise. As formas de coletar, transcrever e interpretar dados qualitativos têm sido duramente criticadas no que diz respeito à confiabilidade dos achados. Portanto, procure fornecer evidências de que seus critérios de análise são válidos e confiáveis: descreva-os de forma clara e objetiva, explique de que forma utilizou *softwares* de análise e, quando possível, informe sobre os índices de concordância entre juízes, apresente excertos ilustrativo de seus resultados, etc. Em outras palavras, ofereça ao leitor as informações necessárias para chegar aos mesmos resultados e conclusões que você chegou. Para maiores informações sobre erros comuns ao reportar dados de artigos qualitativos, consulte Ambert, Adler, Adler e Detzner (1995); para sugestões sobre

Resultados

A seção de resultados é a parte mais técnica de um artigo de pesquisa e estruturá-la bem nem sempre é uma tarefa fácil. Assim como acontece nos procedimentos, a melhor estratégia é usar a ordem cronológica. É possível que, nesse ponto do texto, seja necessário remeter a seções anteriores. Sempre que possível, portanto, faça resumos e tenha cuidado com as transições dentro dessa seção. Uma forma de organizar os resultados é apresentar primeiro o conjunto de informações mais gerais. A seguir, em conjuntos separados, apresente as informações mais específicas. Procure seguir a mesma ordem que você usou para apresentar as questões de pesquisa ou as hipóteses no início de seu texto. Auxilie o leitor a lembrar quais foram as variáveis do estudo, a que tipo de análises elas foram submetidas e quais eram as expectativas e hipóteses iniciais. Informe, então, os resultados e só após isso, mencione números ou apresente excertos de falas para ilustrá-los. Neste capítulo, o exemplo recorrente é a associação entre medidas explícitas e medidas implícitas para avaliar a associação entre gênero e carreira. Observe, no exemplo a seguir, como a seção de resultados foi estruturada.

No quadro, os números apresentam as informações mais gerais e as letras referem-se às informações mais específicas.

No quadro, os números apresentam as informações mais gerais e as letras referem-se às informações mais específicas.

1. Medida implícita

   a) Resultados gerais dos participantes na medida implícita.
   b) Resultados da comparação de médias entre grupos na medida implícita.
   c) Comparação entre médias de diferentes blocos de teste.
   d) Comparação entre médias de homens e mulheres.
   e) Comparação entre médias de participantes com e sem experiência profissional prévia.

2. Medida explícita

   a) Resultados gerais.
   b) Descrição de categorias relacionadas à mulher no mercado de trabalho e exemplos.
   c) Descrição de categorias relacionadas ao homem no mercado de trabalho e exemplos.

3. Associações entre medida implícita e medida explícita.

Ao apresentar seus resultados, tenha em mente que os leitores do seu artigo devem ser capazes de compreender quais foram seus principais achados por meio do texto ou por meio de tabelas e figuras. Se for usá-las, portanto, escolha títulos e use termos claros. No texto, não descreva tudo o que está escrito na tabela. Apenas destaque os pontos ou resultados mais interessantes. Observe como, ao introduzir o *box* do exemplo anterior, buscou-se chamar sua atenção para os significados das letras e números sem fazer referência ao conteúdo exato de cada item. Para informações detalhadas sobre figuras e tabelas, consulte o *Manual de publicação da APA* (APA, 2012).

A DISCUSSÃO

Ainda que o título dessa seção varie, qualquer artigo empírico deve ser concluído com um sumário, uma discussão e uma conclusão. É exatamente isso que deve ser feito nessa seção: retome os objetivos, resuma os principais achados, busque resultados semelhantes e divergentes na literatura e informe de que forma os conhecimentos que você produziu representam um avanço para uma ou mais áreas do conhecimento (White, 2005). Os aspectos centrais ao seu artigo, que apareceram na introdução, devem ser retomados na discussão, fazendo com que ela seja o seu espelho (Bem, 2003). Veja o exemplo:

Na introdução, os autores mencionam a estrutura familiar dos anos 50 e os papéis assumidos por homens e mulheres.

Apesar das mudanças atuais nessa configuração, muitas empresas contemporâneas ainda se organizam de acordo com a estrutura familiar tradicional dos anos 50 (Burke, 1999; Schneer & Reitman, 2006). Nela, o homem bem sucedido atende plena e integralmente às demandas de seu emprego (Schein, 1993, 2007) e delega responsabilidades do lar e da família à mulher (Drew & Murtagh, 2005).

Na discussão, retomam a discussão dos papéis de gênero para informar os resultados.

As principais questões sobre papéis de gênero apresentadas na literatura estiveram presentes nas citações dos participantes. Alguns exemplos são as características associadas ao masculino e ao feminino (Trindade, Menandro, & Silva, 2009), a responsabilidade de cuidar da casa e da família atribuída como tarefa às mulheres, e do trabalho e da subsistência aos homens, e as diferenças de oportunidades oferecidas a cada sexo (Richardson, 1996; Schneer & Reitman, 2006).

Ao organizar a seção de discussão, procure apresentar os aspectos mais específicos do estudo para, então, abordar questões mais amplas e generalizações que queira fazer. Além disso, informe sobre as forças e limitações do estudo. Especifique ainda o que você aprendeu com ele, quais questões não

86 KOLLER, DE PAULA COUTO & HOHENDORFF (ORGS.)

foram respondidas e quais foram geradas. Por fim, sugira como futuros estudos poderiam responder a essas questões – essa é uma forma bastante comum de concluir um estudo empírico. Observe os exemplos:

> Note que os autores mencionam algumas limitações na seleção da amostra e de que forma essas limitações podem ter influenciado os resultados.

É importante destacar que duas peculiaridades da amostra podem ter interferido nos resultados obtidos: a maior parte dos participantes não havia tido experiências prévias de trabalho e todos os participantes eram estudantes de um mesmo curso de graduação em psicologia. Pode-se pensar que uma amostra com uma distribuição equilibrada dos participantes com e sem experiência de trabalho evidenciaria mais as diferenças entre grupos e seus vieses. Além disso, é possível que os resultados encontrados retratem as características de estudantes de um curso da área de saúde, cujos egressos são muitas vezes mulheres e profissionais autônomos que se identificam com atitudes de carreira mais flexíveis. Pode-se supor, portanto, que em cursos vistos como mais tradicionais ou com uma maior presença masculina (como Direito ou Engenharia) o viés encontrado fosse ainda mais claro.

Embora com limitada capacidade de generalização em função dessas características da amostra, espera-se que os resultados obtidos com a combinação de medidas explícitas e do TAI carreira-gênero possam inspirar novas pesquisas nesta temática e com estes métodos. Um exemplo seria explorar como atitudes sobre gênero e carreira podem influenciar processos de gestão de pessoas em organizações, como no caso de uma seleção ou avaliação para promoção. Nestas situações é desejável que o viés de um selecionador ou gestor não seja o principal critério usado para escolher o profissional contratado ou promovido. O uso do TAI carreira-gênero permite identificar o viés do selecionador evitando que características objetivas e relevantes para o cargo sejam preteridas em detrimento de associações implícitas. Em suma, cabe salientar que o uso complementar de medidas implícitas e explícitas pode auxiliar pesquisadores e profissionais em busca de uma compreensão aprofundada do fenômeno das atitudes e como elas podem se relacionar ao comportamento nos mais variados domínios das atividades e relações humanas.

> Veja que os autores apresentaram sugestões de novos estudos e a relevância de continuar a estudar o instrumento.

Ao redigir o parágrafo final do texto, lembre-se da estrutura de ampulheta: suas palavras finais devem ser amplas, sem detalhes específicos que interessam apenas a psicólogos. Contudo, se quiser fazer diferente, siga a sugestão de Bem (2003) e "conclua com um estrondo, e não um gemido" (p.11). Ou seja, apresente ideias fortes que possam causar desconforto suficiente para gerar novas pesquisas.

REFERÊNCIAS

Ao chegar a essa seção, certifique-se de adotar as normas exigidas pelo periódico para o qual irá submeter seu manuscrito (APA, ABNT, etc.). Verifique se não há restrições quanto ao número de referências que podem ser citadas, quanto à data de publicação ou à nacionalidade dos textos, bem como exigências em relação ao número mínimo de citações de artigos publicados no próprio periódico, etc. Além disso, é importante reavaliar quais são as referências fundamentais para o seu trabalho. A maioria dos periódicos dispõe de um número limitado de páginas (cerca de 20), portanto, tente não usar mais de quatro delas para as referências (White, 2005). Certifique-se de que todas as citações que estão no texto foram incluídas na lista de referências e se não há citações que estão nesta lista mas que não foram mencionadas no texto. Pense que revisores podem conferir as suas referências, e que qualquer descuido pode sugerir que o trabalho foi malfeito.

Por fim, certifique-se de que algumas de suas referências são de trabalhos produzidos pelo periódico no qual você pretende publicar seu manuscrito (esse é um bom indicativo da adequação do seu manuscrito para a revista eleita). Verifique ainda as datas de suas referências para certificar-se que a sua revisão não está ultrapassada. Se não houver referências dos últimos dois ou três anos, revise a literatura mais atual e complemente a revisão.

O TÍTULO E O RESUMO

O título e o resumo do artigo devem permitir que qualquer pessoa tenha uma ideia geral sobre o estudo realizado, podendo decidir, a partir de poucas informações, se irá ou não ler o trabalho na íntegra. Além de ter a função de despertar o interesse das pessoas, esses dois elementos são utilizados para indexar o artigo em bases de dados eletrônicas. Assim, o título e o resumo devem refletir de maneira acurada o conteúdo do artigo e incluir palavras-chave que assegurem que ele será recuperado das bases de dados. Portanto, dedique-se a esses dois elementos de seu artigo apenas quando ele estiver concluído. Assim, será mais fácil elaborá-los e eles ficarão mais objetivos e informativos.

ESCREVER BEM NÃO BASTA, É PRECISO REVISAR

Ao concluir seu manuscrito, releia-o. Avalie de forma crítica se ele contempla todas as seções necessárias de forma adequada. Para fazer essa revisão, a leitura do artigo publicado por Winck, Fonseca, Azevedo e Wedzicha (2011) poderá ser útil. Esses autores propõem 55 perguntas para orientar a revisão de um artigo científico. Essas perguntas (p. ex., O título do artigo é interessante e irá atrair atenção?, As características dos participantes ou das unidades de análise são descritas?, Os resultados são apresentados em uma sequência lógica e estruturada ao longo do texto?) abordam as diferentes seções de artigos empíricos e podem ser utilizadas como *checklist* na revisão do seu artigo. Se você tiver respondido "não", "em parte" ou "talvez" para alguma das questões, revise e reformule seu manuscrito! Um número significativo de artigos que são submetidos para periódicos científicos são rejeitados – alguns deles imediatamente e sem oportunidade de passar por uma revisão e uma reformulação. Os principais motivos para isso estão relacionados a falhas em algum dos aspectos contemplados por essas perguntas (Winck, Fonseca, Azevedo, & Wedzicha, 2011).

Se você respondeu "sim" a todas as perguntas e considera que seu artigo já está pronto para ser submetido, é hora de guardá-lo na gaveta. Essa é uma sugestão consensual entre editores de periódicos conceituados (Bem, 2003). Segundo eles (e você já deve ter percebido que um fenômeno semelhante acontece com você), a maioria das pessoas conhece tão bem o manuscrito ao concluí-lo, que tem dificuldades para identificar suas falhas. Por isso, o melhor a fazer é guardar seu texto na gaveta por um ou dois dias e só depois retomá-lo para ver se ele realmente está escrito de forma clara e objetiva.

Mas se você quiser fazer ainda melhor, convide um(a) colega em cuja avaliação crítica você confia e peça que revise seu manuscrito. Lembre-se que as impressões de seu(sua) colega lhe proporcionarão uma visão mais clara sobre quais aspectos devem ser aprimorados, ajudarão a antecipar recomendações dos revisores e garantirão, assim, um manuscrito melhor. Além disso, você terá tempo suficiente para "descansar" de seu texto antes de fazer uma nova revisão.

Se você chegou nesse ponto do capítulo e seguiu todas as sugestões que foram apresentadas até aqui, você está pronto(a) para submeter seu manuscrito! É possível encontrar mais informações sobre a redação de um artigo empírico em Sabadini, Sampaio e Koller (2009). Antes de prosseguir, lembre-se de voltar à seção de instruções para autores do periódico escolhido e verificar se seguiu todos os passos indicados e quais são os procedimentos de submissão. Para maiores informações sobre a submissão de um manuscrito, você pode consultar o Capítulo 2 deste livro, o qual aborda a política editorial. Agora é com você, mãos à obra e boa escrita!

REFERÊNCIAS

Ambert, A.-M., Adler, P. A., Adler, P., & Detzner, D. F. (1995). Understanding and evaluating qualitative research. *Journal of Marriage and the Family, 57,* 879–893.

American Psychological Association. (2012). *Manual de publicação da APA* (6. ed.). Porto Alegre: Penso.

Belgrave, L. L., Zablotsky, D., & Guadagno, M. A. (2002). How do we talk to each other? Writing qualitative research for quantitative readers. *Qualitative Health Research, 12,* 1427–1439.

Bem, D. J. (2003). *The compleat academic: A practical guide for the beginning social scientist.* Washington, D.C.; London: American Psychological Association ; Eurospan.

Castro, T. G. & Gomes, W. B. (2011). Autoconsciência e ambiguidade perceptual cinestésica: Experimento fenomenológico. *Psicologia em Estudo*, Maringá, *16*(2), 279-287.

Matthews, S. H. (2005). Crafting qualitative research articles on marriages and families. *Journal of Marriage and Family, 67,* 799–808.

Oliveira, M. Z., Barbosa, P. V., & Gauer, G. (2012). Avaliação de medidas implícitas e explícitas de carreira e gênero. *Revista Psico, 4*(43).

Petroianu, A. (2002). Autoria de um trabalho científico. *Revista da Associação Médica Brasileira, 48*(1), 60-65.

Pinto, A. C. & Andrade, J. B. (1999). Fator de impacto de revistas científicas: Qual o significado deste parâmetro? *Química Nova, 22*(3), 448-453.

Rocha e Silva, M. (2010). Qualis 2011-2013: Os três erres. *Clinics, 65*(10), 935-936.

Sabadini, A. A. Z. P., Sampaio, M. I. C., & Koller, S. H. (2009). Preparando um artigo científico. In: A.A.Z.P. Sabadini, M. I. C. Sampaio, & S. H. Koller (Eds.), *Publicar em psicologia um enfoque para a revista científica.* (pp.118-154). Retrieved from: http://www.publicarempsicologia.blogspot.com/

Slafer, G. A. (2008). Should crop scientists consider a journal's impact factor in deciding where to publish? *European Journal of Agronomy, 29*(4), 208-212.

White, L. (2005). Writes of passage: Writing an empirical journal article. *Journal of Marriage and Family, 67*(4), 791-798.

Winck, J. C., Fonseca, J. A., Azevedo, L. F., & Wedzicha, J. A. (2011). To publish or perish: How to review a manuscript. *Revista Portuguesa De Pneumologia, 17*(2), 96-103.

Wislar, J. S., Flanagin, A., Fontanarosa, P. B., & DeAngelis, C. D. (2011). Honorary and ghost authorship in high impact biomedical journals: A cross sectional survey. *British Medical Journal, 343*(1), d6128. Acessado em: http://www.bmj.com/content/343/bmj.d6128.

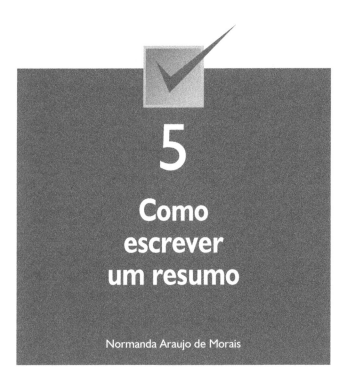

5
Como escrever um resumo

Normanda Araujo de Morais

O resumo consiste em um elemento-chave na apresentação de todo trabalho, seja ele visando a uma apresentação de congresso, a um artigo para uma revista científica ou mesmo a uma monografia, dissertação ou tese. Geralmente, ele é o segundo item que os autores consultam em um artigo científico e o segundo elemento mais lido, perdendo apenas para os títulos dos trabalhos (Sabadini, Sampaio, & Koller, 2009).

A finalidade primordial do resumo é fornecer aos leitores uma ideia clara e bastante precisa de todos os pontos relevantes do trabalho realizado (i.e., objetivo, método, resultados e conclusões). Dessa forma, de acordo com Sabadini, Sampaio e Koller (2009), um bom resumo deve responder às perguntas: O quê, para quê? (objetivos); Como? (método); A que chegamos? (resultados); O que obtivemos considerando os objetivos propostos? (conclusões do trabalho).

É por meio do resumo que os leitores tendem a decidir se lerão o artigo completo ou não (American Psychological Association [APA], 2012). O resumo é o primeiro ponto de interface entre os autores e o público interessado. Entretanto, pode também ser o último, caso não desperte o interesse pela leitura do material completo do artigo/capítulo/dissertação ou tese. Todos esses argumentos corroboram a necessidade de que o resumo transmita da forma mais clara e mais fiel possível o conteúdo do trabalho ao qual se refere.

No contexto da pós-graduação, sobretudo, é imperativo que, ao realizar a revisão de literatura, as bases de dados nacionais e internacionais acerca do tema de pesquisa investigado sejam contempladas. O grande volume de bases de dados indexadas e, consequentemente, de artigos aos quais os pesquisadores terão acesso, pode chegar aos milhares, dependendo do tópico de interesse. Assim, o resumo deve gerar nos leitores o desejo de buscar informações adicionais, por meio da leitura do trabalho completo (p. ex., artigo, dissertação ou tese). O resumo é o cartão de visita ao artigo, ao trabalho em congresso, à sua conferência. Ao mesmo tempo, deve ser o mais preciso possível e não transmitir informações que não estejam contempladas no trabalho. Certamente, todos nós já tivemos experiências positivas e negativas ao lermos um resumo e o respectivo trabalho completo. Ora subestimamos o trabalho, pela impressão negativa e incompleta que o resumo transmitia; ora superestimamos o trabalho, uma vez que o resumo "vendeu" uma imagem mais positiva do que aquela que o trabalho realmente contemplava.

Assim como toda atividade de escrita (científica ou não), escrever um resumo também é um processo árduo, o qual exige bastante dedicação, revisão e esmero. Deve ser uma das últimas partes do trabalho a ser escrita (juntamente com o título), pois é justamente nessa etapa que se espera que os autores estejam mais familiarizados com o corpo geral de sua produção e com uma maior capacidade de síntese e integração de dados (Sabadini, Sampaio, & Koller, 2009). Infelizmente, é também nessa etapa que em geral os autores encontram-se mais cansados e com prazos mais exíguos para finalizarem a tarefa. Esse pode ser um dos fatores responsáveis pela falta de qualidade de muitos resumos que são submetidos e até mesmo publicados.

Com base no exposto, este capítulo apresenta aspectos essenciais à elaboração de um bom resumo, bem como instruções para sua elaboração. O objetivo é que os leitores possam produzir, ler e analisar resumos criticamente.

ASPECTOS GERAIS

O que deve conter um resumo. De forma geral, os resumos devem conter objetivo, método, resultados e considerações finais. Alguns autores, no entanto, optam por iniciar o resumo com uma frase introdutória, a qual apresenta uma breve contextualização da temática pesquisada. Tratando-se de um artigo/trabalho empírico, a organização do resumo é mais clara e, aparentemente, mais simples de ser seguida, uma vez que essa é a estrutura utilizada na montagem de qualquer relatório de pesquisa e/ou artigo empírico. No entanto, os resumos relativos a trabalhos teóricos também devem seguir essa mesma estrutura. Nesse caso, o método deve detalhar os passos utilizados na revisão da literatura (p. ex., critérios de inclusão e exclusão utilizados; bases de dados pesquisadas). A seguir, uma breve elucidação do que deve conter cada seção do resumo:

✓ **Objetivo:** descrição breve do que é e para que o estudo foi realizado, a que ele se propõe.
✓ **Método:** descrição de como o estudo foi realizado, sobretudo de suas características mais importantes (p. ex., estudo quantitativo, qualitativo ou multimétodos; descrição dos participantes do estudo, dos instrumentos (p. ex., roteiro de entrevista, testes, escalas) e procedimentos de coleta e análise de dados.
✓ **Resultados:** descrição dos principais achados do estudo, especificamente daqueles que respondem ao objetivo do referido resumo.
✓ **Considerações Finais:** descrição das principais contribuições trazidas pelo estudo e indicativos para estudos futuros.

O que não deve conter um resumo. Tão importante quanto saber o que deve conter um resumo é identificar que elementos não são necessários à sua elaboração. A análise prática da submissão de resumos (p. ex., a revistas científicas ou congressos) permite destacar alguns erros bem frequentes, os quais devem ser evitados, como: ponto final no título, referências no corpo do resumo, revisão da literatura, uso de parágrafo e recuos (o resumo deve ser elaborado em um texto contínuo, sem parágrafos ou recuos) e informações que extrapolam o objetivo e os resultados do trabalho.

Extensão do resumo. O primeiro aspecto-chave à elaboração de um resumo é a verificação do número de palavras de que ele pode ser composto. Em linhas gerais, esse número varia entre 150 a 250 palavras, de acordo com o *Manual de publicação da APA* (2012). Essa informação deve ser sempre buscada nas regras de submissão (p. ex., de congressos e periódicos científicos) ou nas normas de monografias, dissertações e teses, muitas vezes disponibilizadas pelos programas de pós-graduação.

Outras vezes, é permitida a elaboração de resumos expandidos, que permitem o uso de um número maior de palavras. Obviamente, quanto maior a extensão permitida do resumo, mais espaço há para o detalhamento de informações. Porém, a descrição parcimoniosa de cada uma das partes deve ser buscada, evitando-se assim um maior detalhamento de alguma parte em detrimento de outra. Assim, independentemente do número de palavras permitidas, as exigências de clareza e completude de informações devem ser sempre seguidas.

Questões de estilo. As regras de estilo úteis à escrita científica são válidas também para a elaboração de resumo. Dentre essas, destacam-se aqui (APA, 2012; Sabadini et al., 2009):

a) Clareza e precisão: evite frases como "A pesquisa propôs-se a estudar as relações familiares de crianças obesas, considerando que essas relações podem ser uma das dimensões etiológicas da obesidade. Teve-se como objetivo compreender as relações familiares das crianças para refletir sobre a interação dessas com a obesidade". Prefira frases como "O artigo tem como objetivo descrever as relações familiares de crianças obesas, considerando que a família, a criança e sua obesidade estão em interação".

b) Frases em ordem direta – privilegiando-se o uso de verbos na voz ativa: evite frases como "Cinco mães de crianças adotivas foram as participantes desse estudo". Prefira frases como: "Participaram deste estudo cinco mães de crianças adotivas".

c) Frases curtas: evite frases como "Para tanto, a discussão do artigo gira em torno do problema das tentativas de definição das crianças com experiência de rua; do sistema criança-rua, que traz a compreensão de que a criança constrói sua 'carreira de rua' em um processo contínuo, sendo essa construção baseada em multidimensões e, finalmente, discute a necessidade de trazer a criança para o centro da cena, validando sua capacidade de falar sobre si própria e de sua história". Prefira frases como "O artigo discute as tentativas de definição das crianças com experiência de rua e a construção da 'carreira de rua' como um processo contínuo e multidimensional. Por fim, ressalta a necessidade de validar a capacidade da criança de falar sobre si própria e sua história".

d) Correção na escrita (p. ex., gramática e sintaxe – ver Capítulo 8).

e) Uso da terceira pessoa do singular, em vez da primeira pessoa do singular ou do plural: evite frases como "Investigamos nesse estudo a relação entre estilos parentais e autonomia em crianças pré-escolares". Prefira frases como "Investigou-se nesse estudo a relação entre estilos parentais e autonomia de crianças pré-escolares".

f) Evitar o uso de siglas e/ou abreviaturas; quando imprescindível para compreensão do resumo, as siglas devem ser escritas por extenso na primeira vez em que aparecem.

g) Leitura e revisão do resumo tantas vezes quanto necessário.

h) Submissão do resumo a pares (colegas) para críticas e sugestões.

Palavras-chave. De acordo com Sabadini e colaboradores (2009), as palavras-chave (ou *keywords*) são palavras que descrevem o conteúdo do documento (p. ex., artigo e capítulo). Elas são úteis aos usuários na busca pela informação em base de dados, como, por exemplo, SciELO, PePSIC, Redalyc, PsycINFO, Medline, LILACS, dentre outras. Em geral, recomenda-se o uso de três a seis palavras-chave. Como esse número varia de revista para revista, ou de congresso para congresso, recomenda-se a leitura das normas de cada um.

No momento da escolha das palavras-chave de um trabalho, recomenda-se a consulta a importantes bancos de dados de descritores, os quais funcionam como um vocabulário controlado ou estruturado da linguagem psicológica. Os descritores são "uma espécie de filtro entre a linguagem utilizada pelos autores – a linguagem natural – e a terminologia da área" (Sabadini et al., 2009, p. 136). Duas bases de descritores merecem destaque na Psicologia: *Thesaurus of Psychological Index Terms*, editado pela APA, e Terminologia em Psicologia, disponível na Biblioteca Virtual em Saúde – Psicologia (BVS-Psi, www.bvs-psi.org.br). Tanto o *Thesaurus* da APA quanto a Terminologia em Psicologia da BVS-Psi buscam normatizar os termos da área da Psicologia, assegurando a indexação e a recuperação eficientes da informação psicológica. De acordo com as normas de publicação da APA (2012), as palavras-chave devem ser escritas em letras minúsculas, exceto nomes próprios separadas, por vírgula e sem ponto final. Os termos "palavras-chave" ou "*keywords*" devem ser formatados em itálico, recuo simples e com a primeira letra maiúscula.

EXEMPLOS DE RESUMOS

A seguir, são listados exemplos de dois resumos, os quais podem ser utilizados como parâmetros para a elaboração de outros. Na sequência, expõe-se o exemplo de um resumo considerado "ruim", o qual ilustra erros muito comuns, verificados na experiência de revisão de resumos para trabalhos de congressos e/ou revistas científicas da autora.

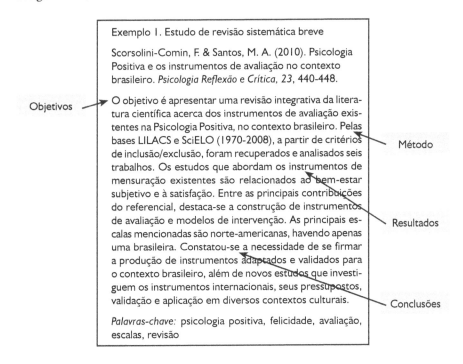

Verifica-se que o resumo possui 119 palavras. O número limite de palavras permitido pela revista *Psicologia Reflexão e Crítica* é de 120. O número de palavras-chave (cinco) também foi coerente às normas da revista (de três a cinco). Verifica-se que as palavras-chave foram escolhidas de acordo com a base de dados Terminologia em Psicologia da BVS-Psi, de forma a contemplar a temática principal do artigo (i.e., psicologia positiva, felicidade, avaliação) e o método utilizado (i.e., revisão sistemática da literatura). Além disso, estão apresentadas de acordo com as normas da APA (2012), isto é, escritas em letras minúsculas quando não se tratam de nome próprio, separadas por vírgula e sem ponto final. Por fim, conclui-se que o resumo foi estruturado respondendo às seguintes perguntas: O quê, para quê? (objetivos); Como? (método); A que chegamos? (resultados); O que obtivemos da conversa com os objetivos? (conclusões do trabalho).

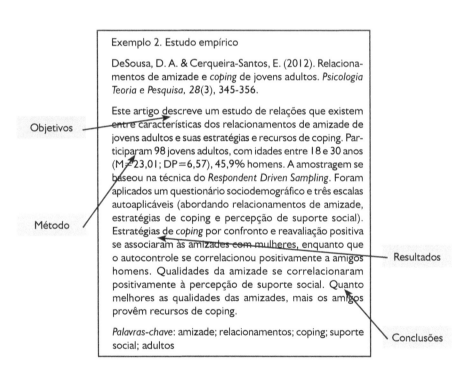

O resumo possui 119 palavras. O número limite de palavras permitido pela revista *Psicologia Teoria e Pesquisa* é de 120. No total, optou-se pelo uso de cinco palavras-chave, número máximo permitido pela revista. As palavras-chave listadas estão em consonância com as listadas na Terminologia em

Psicologia da BVS-Psi. Por fim, verifica-se que esse resumo também foi estruturado respondendo às perguntas: O quê, para quê? (objetivos); Como? (método); A que chegamos? (resultados); O que obtivemos da conversa com os objetivos? (conclusões do trabalho).

Agora que já sabemos como elaborar um bom resumo, vamos analisar um exemplo de um resumo considerado "ruim". Esse resumo é fictício e foi inspirado no artigo de Carvalho, Morais, Koller e Piccinini (2007), o qual aborda fatores de proteção relacionados à promoção de resiliência em pessoas que vivem com HIV/AIDS. A versão reformulada aqui, foi acrescida de erros anteriormente verificados pela autora deste capítulo em resumos submetidos para congressos e/ou revistas científicas dos quais foi parecerista.

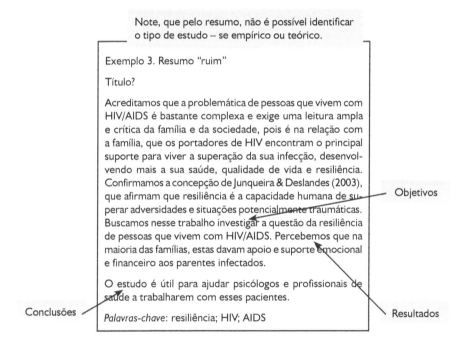

O resumo possui 128 palavras, número que está acima do limite aceito pela maioria das revistas, as quais colocam o limite de 120 palavras, mas abaixo da margem de 150-200 palavras proposta pelo *Manual da APA* (2012). Além disso, outros aspectos contribuem para sua avaliação como um resumo ruim:

1. a não presença de qualquer informação sobre o método, de forma que não fica claro se se trata de um estudo teórico ou empírico;

2. a longa introdução realizada com a apresentação da temática de resiliência, a qual tomou a maior parte do resumo (i.e., seis primeiras linhas);
3. o uso excessivo da primeira pessoa do plural ("acreditamos", "confirmamos" e "percebemos");
4. o uso de referência no corpo do resumo (Junqueira & Deslandes, 2003);
5. o uso de expressões vagas ("a problemática de pessoas que vivem com HIV/AIDS é bastante complexa");
6. o uso de uma conclusão abrangente que pouco tem a ver com os resultados obtidos com o estudo realizado; e, por fim,
7. a falta de precisão conceitual acerca de qual componente/dimensão da resiliência se está estudando ou avaliando empiricamente.

Assim como todo processo de escrita científica, o processo de elaboração de um resumo também exige muita dedicação e bastante prática de quem o faz. São necessárias clareza conceitual, escrita objetiva, correta e concisa, além de muita disposição à lapidação do referido resumo. A leitura atenta de resumos publicados em boas revistas científicas certamente afinará o olhar dos leitores/escritores, ajudando-os na elaboração dos próprios. Inicialmente, sintetizar os resultados de um relatório de pesquisa de 50 páginas, um artigo de 20 páginas, uma dissertação de 100 páginas, ou mesmo uma tese de 200 páginas em um resumo de 150-250 palavras pode parecer uma tarefa impossível e angustiante. Aos poucos, a prática vai mostrando que os elementos essenciais podem, sim, ser resumidos nessa quantidade de palavras e que, quanto mais clareza se tem do trabalho construído (i.e., dos objetivos, método, resultados e conclusões), mais facilidade se tem na etapa de elaboração do resumo.

REFERÊNCIAS

American Psychological Association. (2012). *Manual de publicação da APA* (6. ed.). Porto Alegre: Penso.

Carvalho, F. T., Morais, N. A., Koller, S. H, & Piccinini, C. A. (2007). Fatores de proteção relacionados à promoção de resiliência em pessoas que vivem com HIV/AIDS. *Cadernos de Saúde Pública, 23*(9), 2023-2033.

DeSousa, D. A. & Cerqueira-Santos, E. (2012). Relacionamentos de amizade e *coping* de jovens adultos. *Psicologia Teoria e Pesquisa, 28*(3), 345-356.

Sabadini A. A. Z. P., Sampaio, M. I. C., & Koller, S. H. (2009). Preparando um artigo científico. In A. A. Z. P. Sabadini, M. I. C. Sampaio & S. H. Koller (Eds.), *Publicar em Psicologia: Um enfoque para a revista científica* (pp. 123-170). São Paulo: ABECIP/Casa do Psicólogo/Conselho Federal de Psicologia/IPUSP.

Scorsolini-Comin, F. & Santos, M. A. (2010). Psicologia Positiva e os instrumentos de avaliação no contexto brasileiro. *Psicologia, Reflexão e Crítica, 23*, 440-448.

6
Como organizar um livro científico

Normanda Araujo de Morais
Luísa F. Habigzang

Os artigos publicados em revistas são uma importante forma de comunicação e divulgação dos resultados de pesquisas para a comunidade científica. Contudo, se você tem o objetivo de compartilhar conhecimentos com profissionais que não estão apenas no meio acadêmico, talvez a publicação de um artigo não seja a melhor estratégia para alcançar esse objetivo. Muitos profissionais que atuam na clínica, na escola, em organizações públicas ou privadas buscam a atualização teórica e prática por meio da leitura de livros. Dessa forma, a publicação de livros organizados a partir de temáticas específicas pode representar um veículo de formação importante para profissionais que atuam em diferentes áreas.

Assim, este capítulo tem como objetivo apresentar alguns passos para a organização de livros profissionais/acadêmicos. Com base na experiência prévia das autoras na organização de outros livros (Habigzang & Koller, 2012; Morais, Neiva-Silva, & Koller, 2010), descrevem-se etapas que são consideradas fundamentais no processo, a saber: definição do objetivo do livro e público a quem se destina; contato com autores; revisão dos capítulos; definição e contato com editoras. Espera-se que o relato dessa experiência possa subsidiar o trabalho de novos autores que desejam organizar o seu próprio livro.

O primeiro passo para organizar um livro é definir claramente seus objetivos e público-alvo. A resposta às seguintes perguntas pode auxiliá-lo no processo de definição dos capítulos, dos autores/colaboradores e da linguagem a ser utilizada:

1. Qual é o tema do livro que se pretende publicar?
2. No que esse livro se diferencia de outros livros já publicados sobre o tema?
3. De que forma esse livro pode contribuir para o avanço teórico, metodológico e prático de um campo do conhecimento científico?
4. Qual é o público-alvo?
5. Quem se beneficiará com o livro (p. ex., acadêmicos, psicólogos clínicos, escolares)?

Um livro pode ter como objetivo apresentar aos leitores conceitos teóricos, orientações para a sua prática profissional ou, ainda, explicitar estratégias metodológicas para a compreensão de determinados fenômenos. Pode ser direcionado para profissionais que atuam em um determinado contexto (p. ex., clínica, escola, hospital, serviços psicossociais, forense, esporte, etc.) ou para estudantes e profissionais em formação. Nesse sentido, a definição do público-alvo é importante para balizar o formato e a linguagem do livro.

O segundo passo no processo de organização é definir as seções em que o livro estará subdividido e, após isso, os capítulos que as comporão. No processo de definição dos capítulos, duas estratégias são possíveis e não necessariamente excludentes. A primeira refere-se ao envio de um convite aberto a pesquisadores e profissionais para que submetam um capítulo acerca do tema do livro. Essa estratégia permite que os autores tenham liberdade para escrever sobre o que acreditam ser relevante, considerando os objetivos propostos pelos organizadores do livro. A segunda estratégia é fazer convites direcionados aos possíveis autores para que escrevam sobre um tópico específico indicado pelos próprios organizadores.

Em ambos os casos, é importante priorizar os nomes de pesquisadores e profissionais que se destacam por sua atuação na área, apresentando um trabalho de qualidade e de reconhecida consistência teórica, metodológica e ética. Tal escolha deverá ser feita cuidadosamente. Aos organizadores em início de carreira e com rede de contatos ainda não tão abrangente, esse momento pode ser excelente para o estabelecimento de novos contatos e parcerias profissionais, uma vez que você pode ampliar a sua *network* por meio do convite para participação no livro sob sua organização. Não hesite, portanto, em convidar autores que considera *experts* na área (por mais inacessível que inicialmente lhe pareçam).

O convite aos autores usualmente é feito por meio de uma carta que estabelece o primeiro contato entre organizadores e autores. A carta-convite

MANUAL DE PRODUÇÃO CIENTÍFICA **101**

deve ser clara e objetiva, contendo: apresentação dos organizadores, objetivos do livro, público ao qual se destina, prazos para envio de resumos ou da primeira versão do capítulo, assim como as instruções para a escrita dos capítulos (p. ex., número de páginas, fonte, espaçamento e normas para referências).

As instruções aos autores deverão conter, ainda, informações sobre a necessidade ou não de incluir resumos para os capítulos e outras ferramentas como: questões para revisão/reflexão, considerações finais, resumo das ideias principais ou dicas de livros e filmes relacionados ao tema abordado. Por mais "óbvias" que essas orientações possam parecer, a verdade é que os autores possuem padrões e organização de escrita muito distintos. É tarefa dos organizadores do livro, portanto, garantir a homogeneidade entre os diferentes capítulos. Assim, evita-se que, em um mesmo livro, se encontre normas de referências diferentes (p.ex., ABNT, APA), que em um capítulo seja apresentado resumo e em outro não ou que um capítulo tenha 25 páginas e outro apenas 10, por exemplo. As Figuras 6.1 e 6.2 apresentam modelos de carta aos autores que foram propostos em livros já publicados.

Prezados(as) colegas

Estamos organizando um livro com o título provisório "Violência contra crianças e adolescentes: Teoria, pesquisa e prática no Brasil". Considerando sua importante produção neste tema, ficaríamos honradas com a sua colaboração por meio de um capítulo sobre sua linha de pesquisa ou intervenção. Dessa forma, solicitamos aos interessados que enviem um resumo com a proposta para o capítulo até o dia **30 de junho**. Os capítulos deverão ser enviados até o **dia 30 de setembro**, impreterivelmente para o e-mail violencia-livro@violencia-livro.com.

A seguir estão apresentadas algumas instruções aos autores para facilitar o trabalho:

1) O capítulo deve iniciar com título, autores e instituição dos autores
2) O capítulo deve conter no máximo 25 laudas, contando com as referências
3) O texto deve ser apresentado no Word, fonte Times New Roman, tamanho 12, em espaçamento 1,5
4) O texto deve estar, rigorosamente, de acordo com as normas da APA
5) Solicitamos especial cuidado no uso da linguagem, evitando linguagem sexista
6) Aqueles capítulos que apresentarem dados empíricos devem apresentar os procedimentos éticos adotados, como o número do processo de aprovação do comitê de ética ao qual o estudo foi submetido
7) No final do capítulo deve constar um resumo do curriculum de cada autor(a), de no máximo três linhas

Atenciosamente,
As Organizadoras

FIGURA 6.1
Modelo de carta-convite para autores (utilizado por Habigzang & Koller, 2012).

102 KOLLER, DE PAULA COUTO & HOHENDORFF (ORGS.)

Querido(a) Colega!

Vimos por meio desta, convidá-lo(a) a participar como autor(a) do livro que estamos organizando acerca da vida e desenvolvimento de crianças e adolescentes em situação de rua. O livro tem como objetivo reunir artigos (teóricos e empíricos) de autores diversos sobre diferentes aspectos do desenvolvimento dessa população. Além disso, terão espaço relatos de experiências elaborados por trabalhadores da rede de atendimento (governamental e não governamental) de diferentes cidades brasileiras sobre os serviços nos quais trabalham.

Seguem no anexo mais informações acerca do projeto do livro. Contamos com sua participação e esperamos a sua confirmação de interesse e disponibilidade. O primeiro esboço de seu capítulo, segundo as especificações a seguir, deve ser encaminhado para nós até o dia **15 de Junho**.

Agradecemos desde já a confiança e a disponibilidade e reiteramos nosso desejo de contar com sua colaboração.

Cordialmente,
Os Organizadores

Título: Em aberto

Organizadores: Organizador 1, Organizador 2 e Organizador 3

Editora: será consultada a XXXXX

Data-limite para envio dos capítulos: **15 de Junho**

Forma de envio: para o e-mail rua-livro@rua-livro.com.

Público-alvo: Os(as) autores(as) devem escrever tendo em vista um amplo espectro de possíveis leitores interessados, os quais têm um *background* de graduação em alguma área relacionada à infância e à adolescência que vive em situação de rua (Psicologia, Serviço Social, Terapia Ocupacional, Sociologia, Antropologia, Filosofia, Direito, etc.), mas não são especialistas em quaisquer dos tópicos abordados.

Formato dos capítulos: A estrutura de tópicos e de organização dos capítulos fica a critério dos autores. O limite de páginas será 30 laudas escritas com fonte Times New Roman, tamanho 12 e espaço duplo. Instruções mais detalhadas estão no anexo.

Conteúdo: O objetivo é reunir ensaios, revisões teóricas e/ou metodológicas, inovações, intervenções, e relatos de experiência. Podem ser apresentados dados empíricos de pesquisas originais dos autores, desde que contextualizados no panorama mais amplo do estado atual do conhecimento na área. Devem ser evitados trabalhos com foco muito restrito, abordando questões muito específicas e sem uma contextualização mais ampla.

Referências: O formato adotado para as referências será o preconizado pela American Psychological Association (APA).

Direitos autorais: Os direitos autorais deverão ser transferidos para a editora, por meio de correspondência específica.

FIGURA 6.2
Modelo de carta-convite aos autores (utilizado por Morais, Neiva-Silva, & Koller, 2010).

Nesse processo de convite aos autores, inicia-se uma relação de negociação e parceria entre organizadores e autores. Aos organizadores caberá a tarefa de garantir a coerência entre os diversos capítulos do livro (p. ex., estilo de escrita, seções temáticas, etc.) e da obra como um todo. É imprescindível que eles estejam atentos para verificar se todos os tópicos necessários para a abordagem do tema proposto foram incluídos no livro. Caso um capítulo fundamental não tenha sido contemplado por nenhum dos autores, caberá aos organizadores contatarem outros autores que possam escrever sobre o referido tópico. O que não pode acontecer é deixar esse capítulo ficar fora do livro!

A definição de prazos na carta-convite aos autores é determinante para o bom andamento do trabalho. No entanto, tão importante quanto a definição de prazos é a obediência a eles. Um parâmetro para a definição dos prazos é o evento ou data no qual se pretende publicar o livro. É necessário considerar que entre o envio do primeiro *e-mail* aos autores com a carta-convite e o dia do lançamento do livro, há um longo processo a ser trilhado: envio da primeira versão do capítulo, revisão por conselho editorial e/ou organizadores, devolução aos autores, envio da versão reformulada, envio para editora, revisão das "provas finais" e impressão do livro. Ademais, diante da demanda de trabalho que autores e organizadores possuem, é aconselhável que os prazos sejam definidos considerando-se uma "margem" para possíveis atrasos, sendo a (re)negociação de prazos, muitas vezes, inevitável. No entanto, há de se ter um limite para esses atrasos, uma vez que outros autores poderão já ter cumprido os prazos e estarão, desse modo, à espera da publicação dos seus capítulos, que inclusive correm o risco de ficarem "desatualizados" se não forem publicados com brevidade. Portanto, vale a regra: "prazos existem para serem cumpridos". E essa regra é verdadeira, inclusive, para os organizadores! A fim de facilitar a obediência aos prazos definidos, é recomendado que sejam enviados *e-mails* com lembretes aos autores e que se estabeleça uma comunicação clara e objetiva com eles durante todo o processo de organização do livro. Outra dica para agilizar o processo de organização é a divisão clara de tarefas entre os organizadores do livro.

Uma vez enviados os convites aos autores, os organizadores devem estruturar o sumário do livro (ou esboço dele) e mantê-lo atualizado. O sumário deverá conter os títulos dos capítulos e os nomes dos autores. Uma lista de minicurrículos dos autores e seus contatos também precisa ser organizada. O sumário e a lista de autores serão fundamentais, pois deverão ser enviados à editora na qual se pretende publicar o livro. Representam, portanto, o "cartão de visita" dos organizadores na hora em que buscam a editora para "vender" a proposta do seu livro.

Nessa etapa, pode-se iniciar o contato com o(a) autor(a) que fará o prefácio. No que se refere à escolha do(a) autor(a) que fará o prefácio do livro, sugere-se que ele(a) seja escolhido(a) por sua relevância e destaque na área. Recomenda-se, ainda, que ele(a) seja contatado(a) previamente e não "em cima da hora", de forma que possa incluir o prefácio na sua agenda de atividades. Dessa forma, assim que os capítulos são estabelecidos e os resumos recebidos já se pode contatar a pessoa que será convidada para escrever o prefácio. Considere sempre que, para escrever o prefácio, tal autor(a) precisará ter em mãos todo o livro com as versões finais dos capítulos. O atraso em uma etapa na consecução do livro, portanto, implicará atraso em todas as demais.

Outro contato possível nesse momento é com a editora com a qual se deseja publicar o livro. A sua escolha deve ser guiada pelo seu reconhecimento e sua qualidade, tanto no que se refere à sua capacidade de distribuição do livro quanto pela qualidade gráfica. O vínculo com a editora requer comprometimento. Entregue à pessoa responsável na editora um CD com sumário, lista de autores e os resumos dos capítulos que compõem o livro. Aproveite esse momento para "vender o seu peixe", relatando o diferencial do livro que está organizando e o público que pretende atingir com o mesmo.

Certamente, a maior parte do tempo despendido no processo de organização de um livro refere-se à etapa de revisão dos capítulos. Essa fase é essencial para garantir a qualidade do material que será publicado e a sua unidade. O processo de revisão "por pares" permitirá que os autores recebam um *feedback* acerca do que escreveram, tendo a oportunidade de aprimorar o que parecer menos claro no texto e/ou mesmo acrescentar o que ainda não tenham escrito. O objetivo é que a avaliação seja a mais neutra possível e que as contribuições teóricas e metodológicas realizadas possam, de alguma forma, ser incorporada pelos autores (Trzesniak, 2009). Algumas perguntas podem servir como parâmetro de análise pelos pareceristas: "Eu gostaria de ler este capítulo?, A leitura deste capítulo acrescenta-me alguma aprendizagem?, Em que sentido ele poderia ser melhorado?". Sugere-se que todos os organizadores do livro façam a revisão de todos os capítulos visando a sua unidade e a coerência em termos de linguagem e formato dos capítulos. Assim, após a primeira "rodada" de revisão pelos organizadores, os capítulos devem ser devolvidos aos autores para ajustes e reformulações. O *feedback*, dado por meio de um parecer, aos autores deve ser claro, construtivo e respeitoso. Inicie o parecer agradecendo o envio do capítulo. Em seguida, ressalte os seus pontos positivos. Somente após, liste as sugestões e comentários acerca dos pontos que precisam ser revistos. Fundamente bem cada comentário e não faça observações vagas ou abrangentes demais que não ajudem de fato os autores a melhorar o seu texto. Fique atento aos aspectos teóricos, metodológicos e de forma (p. ex., redação, clareza, ortografia etc.). Para diretrizes sobre como avaliar um capítulo ou artigo científico ver, por exemplo, Trzesniak e Koller (2009).

MANUAL DE PRODUÇÃO CIENTÍFICA 105

☑ QUADRO 6.1
Modelo de ficha de avaliação dos capítulos (utilizado por Habigzang & Koller, 2012)

Título:

Autor(es):

Avaliação	Sim	Não
Forma		
Até 30 páginas		
Normas APA		
Tabelas		
Figuras		
Utilização de referências		
Atuais		
Nacionais		
Internacionais		
Linguagem adequada (sexismo, linguagem adequada ao público-alvo, etc.)		
Conteúdo		
Título adequado		
Revisão da literatura		
Apresentação dos objetivos		
Definição de conceitos		
Método detalhado e cuidados éticos (se aplicável)		
Resultados/Discussão		
Mensagem do capítulo		
Questões de discussão/reflexão		
Comentários		

A etapa de revisão requer atenção e organização, uma vez que deverão ser salvas diferentes versões dos capítulos. Recomenda-se, assim, que sejam criadas pastas para organizar o material de cada autor(a) e capítulo correspondente (p. ex., pastas com resumos, versão 1, versão 2, versão 3..., versão final). O processo de revisão dos capítulos pelos organizadores e/ou pareceristas *ad hoc* deverá partir dos mesmos critérios de avaliação. Nesse sentido, é importante que os organizadores definam um modelo de "ficha de avaliação" a ser preenchido para cada capítulo. Além de enviar o parecer aos autores, pode-se também enviar a versão do capítulo com as edições feitas, usando-se para isso a ferramenta do Word (revisão-controlar alterações). Um modelo de ficha de avaliação anteriormente utilizado por Habigzang e Koller (2012) é apresentado Quadro 6.1. Conforme já relatado, é preciso que cada capítulo seja revisado criteriosamente, o que certamente demandará atenção, dedicação e tempo dos organizadores. Além disto, a cada versão enviada com reformulações, os organizadores deverão comparar a versão mais recente com a anterior, usando seus apontamentos e sugestões (contidos no parecer e no próprio documento revisado).

Após a finalização do livro, ele deve ser enviado à editora. Alguns ajustes nos capítulos podem ser identificados pela editora e os organizadores devem mediar o processo de tais ajustes com os autores. Além disso, os organizadores serão responsáveis pela revisão das provas finais diagramadas pela editora. Tal revisão deve ser feita detalhadamente, pois pode haver aspectos a serem modificados.

O contato com o(a) autor(a) do prefácio deve ser retomado nesse momento para verificar se ele(a) deseja ler os capítulos na íntegra antes de escrever o texto. Outras tarefas de responsabilidade dos organizadores que demandam esforço e tempo de planejamento e execução são: convite para autores que farão o texto de contracapa e orelhas do livro, a indicação de ilustrações para o corpo e para a capa do livro e a obtenção de autorização para uso das imagens.

Após terem passado pela experiência de organizar um livro, os organizadores perceberão que essa é uma tarefa de grande aprendizagem. Lidar com prazos, manter boas relações com os autores, realizar uma revisão relevante dos capítulos e estabelecer bom vínculo com a editora são aspectos fundamentais para a vida profissional/acadêmica. É necessário, ainda, dar atenção ao lançamento do livro, que pode ocorrer em um evento científico, em uma feira específica ou em evento privado em local definido pelos organizadores e pela editora. O lançamento deve ser pensado considerando o público a quem o livro se destina. Bons livros são fontes para aperfeiçoamento de conhecimentos para estudantes, pesquisadores e profissionais. Podem, inclusive, ser referências para concursos públicos. Trata-se de produções significativas quando realizadas com seriedade e comprometimento.

REFERÊNCIAS

Habigzang, L. F. & Koller, S. H. (Eds.) (2012). *Violência contra crianças e adolescentes: Teoria, pesquisa e prática*. Porto Alegre: Artmed.

Morais, N. A., Neiva-Silva, L., & Koller, S. H. (Eds.) (2010). *Endereço desconhecido: Crianças e adolescentes em situação de rua*. São Paulo: Casa do Psicólogo.

Trzesniak, P. (2009). A estrutura editorial de um periódico científico. In A. A. Z. P. Sabadini, M. I. C. Sampaio, & S. H. Koller (Eds.), *Publicar em Psicologia: Um enfoque para a revista científica* (pp. 87-96). São Paulo: Casa do Psicólogo/CFP/USP.

Trzesniak, P., & Koller, S. H. (2009). A redação científica apresentada por editores. In A. A. Z. P. Sabadini, M. I. C. Sampaio, & S. H. Koller (Eds.), *Publicar em Psicologia: Um enfoque para a revista científica* (pp. 19-34). São Paulo: Casa do Psicólogo/CFP/USP.

7
Plágio acadêmico

Laíssa Eschiletti Prati

Durante a minha vivência no ensino fundamental (no século passado), passei várias tardes na biblioteca copiando os conteúdos das poucas enciclopédias disponíveis para consulta, a fim de entregar um ótimo trabalho no dia seguinte. Meu estudo se resumia em identificar pontos nos quais poderia complementar as informações de um livro com as do outro e também decidir quais informações eram relevantes e quais poderiam ficar de fora. Os trabalhos eram entregues de forma manuscrita e, normalmente, eu recebia uma boa nota. Assim, aprendi que copiar o conteúdo relevante de fontes fidedignas era fundamental para uma boa formação. Entretanto, durante o ensino superior, descobri que não adiantava apenas copiar as informações dos livros. Eu tinha de lê-los, resumi-los e apresentar a minha opinião em relação ao tema. Assim o fazia, mais reescrevendo o que os outros diziam e muito pouco expondo a minha opinião sobre o assunto.

Ao ingressar na pós-graduação (cinco anos após terminar minha graduação), uma nova realidade estava posta: a exigência da publicação de artigos (afinal, ideia não publicada não existe). O acesso à internet já estava disseminado, resultando na disponibilização de uma quantidade imensa de textos sobre os mais diversos assuntos e pesquisas desenvolvidas. Não existia tempo suficiente para ler todos, resumi-los e construir uma ideia nova. A sensação era a de que tudo já fora dito e que nada mais faltava ser inventado. Após algum tempo, descobri que essa infindável quantidade de textos disponível era fundamental para dar relevância aos meus estudos, desde que lidos com muita atenção e devidamente referenciados em meus manuscritos. Tive que me apropriar de diferentes normas técnicas (APA, ABNT, Vancouver, etc.) a fim de utilizar as ideias dos diversos textos, citar a fonte e ainda deixar evidente quais as minhas próprias contribuições para a ciência. Aprendi, somente nesse momento, que artigos científicos relevantes são aqueles que apresentam ideias novas, utilizando de conhecimentos já construídos por outros autores. A autoria acontece na articulação de conteúdos ou na construção de novos dados que corroboram ou não estudos anteriormente publicados. Publicar e referenciar os autores que ajudam a construir textos autorais é fundamental no contexto científico.

Assim, este capítulo tem o objetivo de apresentar diferentes conceituações de plágio e problematizar a utilização deste para dar conta de uma exigência contemporânea referente à produção científica. Aborda, ainda, alguns aspectos éticos implícitos na autoria, compreendida como oposta ao plágio. Falar em assumir a autoria de um manuscrito é responsabilizar-se por construir conhecimentos novos e colocá-los em textos relevantes, que apresentem os principais resultados dos estudos. Exige o conhecimento de normas técnicas e a fundamentação teórica adequada, possibilitando a publicação em revistas confiáveis.

O CONCEITO DE PLÁGIO E SUA EVOLUÇÃO

O termo "plágio" tem sua origem no grego *plagios*, e significa assinar ou apresentar como sua a obra de outrem, imitar o trabalho alheio (Barbasterfano & Souza, 2007). Envolve a apropriação das ideias e textos sem a devida referência. Essa apropriação pode ser sutil ou parcial e pode incluir o autoplágio, no qual os autores repetem parte de seus próprios dados ou textos (Torresi, Pardini, & Ferreira, 2009).

Situações de cópias parciais ou integrais de obras de outros é algo registrado ao longo da história da humanidade. Caso (2011) refere Shakespeare como um autor que muitas vezes foi acusado de plagiar seus contemporâneos. Entretanto, essa atitude nem sempre foi considerada crime por não representar uma violação de propriedade intelectual. Antes do surgimento da imprensa, copiar obras ou assumir a autoria de textos feitos por outros, não era crime – a noção de propriedade não era a mesma de agora. Com a imprensa surge o valor de mercado, o nome dos autores e os direitos dos autores e dos editores. Com isso, foram estabelecidas regras para essa propriedade – chamada Direito Autoral. No Brasil, o direito autoral só foi reconhecido em

MANUAL DE PRODUÇÃO CIENTÍFICA

1898, tendo sido revisto, pela última vez, em 1998 (Imayuki, 2008). Esse ato regula a cópia de obras publicadas, mas nada fala sobre a cópia de trabalhos entre colegas ou cópia de material postado de forma livre na internet (como na Wikipédia, p. ex.). Apropriar-se desse tipo de material, entretanto, fere questões éticas e, na opinião de professores do ensino superior, é tão grave quanto o plágio.

A evolução e a ampliação da internet, facilitando o acesso a inúmeras obras gratuitas e nem sempre com autores claramente identificados, exigem uma revolução ou transição no conceito de autoria e, consequentemente, de plágio. A *web* disponibiliza tanto textos com autoria conhecida e bem identificada como possibilita a criação conjunta de diversos textos com autoria múltipla e anônima (Biscalchim & Almeida, 2011). Permite, ainda, o acesso a obras cujos direitos autorais já expiraram e obras com autoria desconhecida. Essa riqueza de dados permite o acesso muito mais facilitado a conteúdos relevantes à escrita científica de qualidade. Ao mesmo tempo, exige que agências reguladoras preocupem-se com a ética em relação ao uso de textos da internet na construção de artigos que acrescentem dados inovadores em seu campo de estudo.

Apesar desses posicionamentos e legislações referentes ao plágio, evidencia-se o aumento da detecção de cópias parciais ou integrais de trabalhos científicos, aumentando também a preocupação de comitês editoriais e de professores, que são exigidos a publicar em tempo restrito. Essa situação é identificada entre os artigos submetidos, em teses e dissertações, e em diversos trabalhos solicitados durante a graduação e a pós-graduação (Rodríguez, 2012; Silva, 2008). Além disso, há uma disseminação de *sites* que "fabricam" trabalhos acadêmicos (veja o site http://www.trabalhosfeitos.com/, como exemplo), configurando outra situação de plágio. É fundamental que os pesquisadores leiam diversos textos e que essas leituras possibilitem a construção de um material inédito, não de uma montagem de diversas ideias. Sendo assim, o acesso a textos científicos disponíveis *online* e a utilização dos mesmos estão intimamente relacionados com questões éticas (Gomes & Dalberio, 2009).

Outro aspecto relevante na definição de plágio e de autoria são as modificações no contexto escolar. Os professores não são mais detentores do saber e os estudantes não são meros receptores de conteúdo (Silva, 2008). Todos têm acesso aos mesmos conteúdos (por meio da internet), e o papel dos professores está em mediar ou facilitar o acesso do aluno a *sites* relevantes e adequados a seu grau de estudo. Ao solicitar um trabalho (como atividade avaliativa em qualquer nível), os professores devem considerar que não conhecem todos os materiais aos quais os estudantes têm acesso. Ao mesmo tempo, conseguem facilmente avaliar se o texto entregue está coerente com a produção desses estudantes em sala de aula. A partir disso, situações de plágio detecta-

112   KOLLER, DE PAULA COUTO & HOHENDORFF (ORGS.)

das por professores devem ser devidamente endereçadas, possibilitando que os estudantes assumam o papel de autores e não de meros copiadores.

Com todas essas nuanças e influências, não existe uma única conceituação de plágio. Por ser algo cada vez mais identificado no contexto acadêmico, sua classificação está em aprimoramento. Entretanto, os órgãos de fomento e os editores precisam definir o momento em que punições passam a ser necessárias. Por isso, ter claro o conceito de plágio é importante.

Plágio pode ser definido, então, como o uso de ideias (publicadas ou não) de outros sem a devida referência. Inclui o envio de projetos para editais de pesquisa e submissões de artigos completos somente com alteração do nome do autor. Isso pode acontecer, ainda, na tradução para outra língua e ser verificada em todos os estágios da pesquisa (projeto, coleta e análise de dados e publicação) (Committee of Publications Ethics, 1999). Segundo a American Psychological Association (APA, 2012), os autores sempre apresentam os trabalhos que influenciam sua produção (seja por meio de citação direta, indireta ou descrevendo uma ideia subjacente), salientando a importância de referir obras já publicadas dos mesmos autores que apresentam um novo trabalho quando a ideia nova está embasada em estudos anteriores, de forma a evitar o autoplágio.

O Conselho Nacional de Desenvolvimento Científico e Tecnológico (CNPq, 2011) identifica as seguintes modalidades de fraude ou má conduta em publicações:

a) Fabricação ou invenção de dados: consiste na apresentação de dados ou resultados inverídicos – não coletados ou alterados.

b) Falsificação: consiste na manipulação fraudulenta de resultados obtidos de forma a alterar-lhes o significado, sua interpretação ou mesmo sua confiabilidade. Cabe também nessa definição a apresentação de resultados reais como se tivessem sido obtidos em condições diversas daquelas efetivamente utilizadas.

c) Plágio: consiste na apresentação, como se fosse de sua autoria, de resultados ou conclusões anteriormente obtidos por outros autores, bem como de textos integrais ou de parte substancial de textos alheios sem os cuidados detalhados nas normas técnicas. Comete igualmente plágio quem se utiliza de ideias ou dados obtidos em análises de projetos ou manuscritos não publicados, aos quais teve acesso como consultor(a), revisor(a), editor(a) ou assemelhado.

d) Autoplágio: consiste na apresentação total ou parcial de textos já publicados pelo mesmo autor(a), sem as devidas referências aos trabalhos anteriores.

Outra forma de analisar o plágio é por meio da avaliação da intenção dos autores. Dessa forma, o plágio pode ser *fraudulento* (comprar ou usar texto dos outros, retirar da internet e apresentar como próprio, tendo plena consciência do que está fazendo). Existe ainda o plágio *ocasional* (utilizar trechos de diversas fontes sem citação) e o plágio *atribuído ao desconhecimento das regras de citação*. Neste último caso, não há uma intenção consciente de fraude, mas um uso inadequado de normas de citação. Mesmo assim, esse desconhecimento formal não isenta os autores de terem cometido plágio (Demo, 2011).

Uma análise mais complexa de plágio envolve a observação de diversos ângulos desse fenômeno. Rodriguez (2012) propõe três categorias, que abordam tanto o resultado geral do plágio quanto o modo como foi construído e a intenção dos autores. Os três principais agrupamentos são:

a) Forma: referindo-se à caracterização geral do plágio. Esse grupo pode ser caracterizado pelo autoplágio (publicar uma obra pessoal, total ou parcialmente, em dois lugares), falsa autoria (indicar o autor errado de uma obra), envio duplo para publicação (submeter o mesmo artigo para duas revistas), roubo de material (copiar materiais de outros, sem citar a fonte original).

b) Métodos: o mais comum é o famoso "copiar-colar" (usar o texto exatamente igual à fonte, sem citar a autoria). Mas ainda podem ser identificados a paráfrase inadequada (quando os autores modificam a frase para não ficar igual a fonte, e não referenciam), a referência perdida (ideia sem identificação dos autores), a referência falsa (inventar autores de referência), a fabricação de dados (inventar resultados de pesquisa não realizada) e roubo de ideias (utilizar ideias de outros autores e não referenciá-los).

c) Propósitos: intencional e acidental ou sem intenção.

O estudo de Rodríguez-Quispe e Sanches-Baya (2011) é mais objetivo e afirma que plágio envolve necessariamente a apropriação de ideias de outro de forma inadequada. O diferencia, portanto, de fabricar dados (apresentar ou criar dados fictícios) e de falsificar dados (manipulação de dados ou procedimentos experimentais de modo a apresentar os resultados desejados ou evitar eventos indesejáveis na investigação que se está realizando), uma vez que estes últimos não envolvem, necessariamente, a apropriação de dados de outros.

Por meio dessa breve revisão sobre o conceito de plágio, evidencia-se que não há um consenso sobre quando ocorre uma situação de plágio. No entanto, há concordância quanto à existência de plágio quando autores se apropriam de ideias (suas ou de outros) sem citar a fonte (intencionalmente ou não). Isso é evidente, pois há uma quebra dos direitos autorais – configurando crime. Entretanto, eticamente, autores não deveriam utilizar trabalhos não publicados ou inventar/modificar dados a fim de encontrar os resultados que gostariam. Não há opinião única se essas situações também configuram plágio ou não, mas há nesse espaço uma discussão sobre autoria, fraude, plágio e/ou desconhecimento técnico dos autores.

Assim, discutir sobre plágio requer abordar temas como ética e autoria. Esses temas estão intimamente relacionados, pois os profissionais ou estudantes que plagiam (intencionalmente ou não) não assumem o lugar de autor. Foucault (2002) afirma que ser autor está relacionado com quatro aspectos:

a) há um sistema institucional que define quem é o autor de determinado texto;
b) a autoria é imanente ao tempo: uma vez definida a autoria de um texto, os autores serão sempre responsáveis por ele;
c) é necessário ter operações específicas e complexas para verificar as autorias dos textos; e
d) a autoria pode não estar relacionada com um indivíduo real, ou seja, é possível texto com múltiplos autores ou de autoria coletiva. Assim, é importante saber das responsabilidades associadas ao assinar a autoria de uma produção, especialmente a científica.

Silva (2008) enfatiza que as universidades deveriam problematizar a principal consequência do plágio na formação de um aluno: a impossibilidade de inovar, de pensar e criar algo novo para o desenvolvimento da ciência. Ressalta, ainda, que em um texto há a presença de muitos outros textos que foram lidos e interpretados pelos autores. Imayuki (2008) afirma ainda que os estudantes devem "desenvolver a faculdade de pensar e não de 'ruminar' conhecimentos" (p. 28). Assim, podem ser convidados a conversar com diversos autores (identificando-os em seu texto) e evidenciar suas próprias construções no texto (ver Capítulo 2 neste livro). Dessa forma, os autores assumem o papel de destaque e suas fontes de apoio possibilitam compreender a relevância do estudo que está sendo apresentado. Isso se identifica na forma de escrever, de apresentar as ideias de dizer e não dizer. A identidade de um texto está, portanto, no estilo dos autores (Silva, 2008).

O PLÁGIO NO MEIO CIENTÍFICO

Diversos campos científicos se deparam com situações de plágio durante as atividades de sala de aula e em suas publicações. Entre eles, a enfermagem (Ohler, 2010), a química (Torresi, Pardini, & Ferreira, 2009), as ciências médicas (Becerril Ángeles, 2010; Rodríguez-Quispe & Sanches-Baya, 2011), as ciências da informação (Biscalchim & Almeida, 2011; Rodríguez, 2012), a pedagogia (Silva, 2008), a engenharia de produção (Barbastefano & Souza, 2007), a teologia (Imayuki, 2008), as ciências sociais (Demo, 2011; Silva & Domingues, 2008) e a psicologia (Bennett, Behrendt, & Boothby, 2011).

Dentre os motivos para o mau uso de fontes nos trabalhos acadêmico são citados: facilidade de acesso à informação (por meio da internet); falta de capacidade para parafrasear (muitos estudantes foram treinados a copiar e não sabem construir novas ideias a partir das ideias dos outros); pouco valor a produção própria (não há uma crença de que podem fazer melhor do que a fonte consultada); falta de análise crítica de trabalhos pesquisados (tudo que aparecer é utilizado sem analisar possíveis fragilidades metodológicas); confusão quanto à autoria nos trabalhos disponibilizados pela internet (muitos *sites* não indicam claramente a autoria, fazendo com que o texto seja utilizado sem uma correta identificação da fonte); incentivo ao plágio nos níveis fundamental e médio (os professores aceitam melhor um texto bem estruturado copiado do que um texto construído com as palavras dos estudantes e as possíveis desarticulações dessa situação); facilidade de acesso a programas de tradução (as informações de um texto em outro idioma podem, em poucos minutos, ser uma informação inédita no Brasil); e desconhecimento de regulamentações de escrita científica (muitos acreditam que estão referenciando corretamente as fontes, mas nem sempre o estão de fato) (Barbasterfano & Souza, 2007; Rodríguez-Quispe & Sanches-Baya, 2011).

Diversos estudos (Barbastefano & Souza, 2007; Bennett, Behrendt, & Boothby, 2011; Silva, 2008; Silva & Domingues, 2008) investigaram a utilização de plágio entre os estudantes de cursos de graduação e pós-graduação. O interessante é perceber que uma parte considerável dos estudantes assume ter realizado plágio em algum momento de sua formação. Em estudo com 19 estudantes do curso de Letras na Universidade do Estado da Bahia, de cunho qualitativo, evidenciou-se que 36,8% assumem claramente a realização de plágio, 21% não assume a realização dessa prática e apenas 41,1% não são a favor do plágio (Silva, 2008). Já o estudo de Barbastefano e Souza (2007) acessou 79 estudantes de diversos anos do curso de Engenharia de Produção do Centro Federal de Educação Tecnológica (CEFET/RJ) por meio de um instrumento fechado enviado *online*. Essa *survey* identificou que 68% dos participantes do estudo foram estimulados ao plágio nos ensinos fundamental e médio e que 81% não tiveram informações sobre direitos autorais até aquele momento. Os autores acreditam que esses assuntos deveriam ser abordados durante a graduação de forma a cobrir uma lacuna entre o ensino médio e o superior. Esse poderia ser um assunto abordado na disciplina de metodologia científica, trabalhos de conclusão ou de ética.

Analisando estudantes de pós-graduação da área de ciências sociais aplicadas de uma universidade do Oeste do Paraná, com um instrumento semelhante ao usado por Basbastefano e Souza (2007), Silva e Domingues (2008) identificaram que a inexatidão sobre o que é plágio permanece nesse nível.

Especificamente, houve uma dificuldade em identificar citações indiretas e em referenciar corretamente citações diretas. Perceberam que metade dos estudantes participantes do estudo (n=87) acreditava que, ao apropriar-se das ideias de autores (configurando uma citação indireta), não havia a necessidade de referenciar os nomes e a data de publicação. No caso de citação direta, a maioria dos estudantes participantes não identificou a necessidade de indicar o nome dos autores da obra original, ano, páginas e uso de aspas. Esses dados indicam que alguns estudantes sabem que é necessário citar a fonte; entretanto, muitos não têm consciência que estão plagiando uma obra por não saberem fazer a citação de forma correta.

Outro motivo que pode estimular a utilização de cópias parciais ou totais de outros trabalhos é o interesse em ascender na carreira científica. Para isso, é fundamental publicar muitos artigos no menor tempo possível. Essa exigência pode facilitar o plágio (incluindo o autoplágio e o envio duplo para publicação). Nos últimos anos, houve um aumento considerável no número de revistas científicas disponíveis para publicação. Em paralelo, percebe-se uma maior detecção de casos de fraude e plágio (Torresi, Pardini, & Ferreira, 2009). Entretanto, afirmar que casos de plágio vêm crescendo nos últimos anos pode estar incorreto. Por saberem da exigência em publicação por parte dos autores, bem como da possível ocorrência de plágio nos diversos trabalhos submetidos para avaliação, revistas e suas comissões editoriais preocupam-se em detectá-lo e divulgam as consequências desse ato. O aumento na detecção do plágio, isso sim, parece ser consequência de cuidados adotados pelas revistas atualmente. A sistemática de revisão por pares (duplo-cego), ou seja, encaminhar para consultores um artigo sem identificação e os pareceres em retorno aos autores também sem a identificação dos consultores, é uma das tentativas adotadas com a finalidade de garantir a qualificação do artigo a ser publicado e aprimorar a credibilidade do conteúdo a ser divulgado. Esse movimento, entre outros, acabou por gerar um aumento da identificação de plágios e da preocupação ética com relação a esse fenômeno (Ohler, 2010). Afinal, a responsabilidade ética pelas publicações científicas envolve autores, revisores, editores e editoras (Becerril Ángeles, 2010).

DO PLÁGIO À AUTORIA

Diversas associações nacionais e internacionais visam a estabelecer boas práticas de publicação em revistas e punir desvios nas mesmas. No dia 22 de novembro de 2010, foi publicada, no *Diário da Justiça*, a proposição da Ordem dos Advogados do Brasil (OAB) número 2010.19.07379-01 quanto ao plágio nas instituições de ensino. Nesta, há uma recomendação explícita aos professores de ensino superior para utilizarem *softwares* para detecção de plágio

MANUAL DE PRODUÇÃO CIENTÍFICA   **117**

como uma norma em suas atividades. Ao mesmo tempo, indicam a adoção de políticas de conscientização e informação sobre a propriedade intelectual. Ambas as ações visam a coibir o plágio nas atividades acadêmicas.

O *site* www.escritacientifica.sc.usp.br/anti-plagio apresenta vários *softwares* gratuitos disponíveis como recurso aos professores e editores. Entre eles, cita o Plagius e o Farejador de plágio. Além dos *softwares* específicos, os professores podem utilizar ferramentas de busca (como o Google) para confirmar suspeitas de plágio em trabalhos entregues pelos estudantes. Essas ferramentas auxiliam na identificação de cópia de material disponibilizado na *web*, mas não identificam cópias de trabalhos entre colegas ou de textos que não foram publicados na rede.

O CNPq também se preocupou em apresentar recomendações e diretrizes sobre a ética e a integridade na prática científica. Em outubro de 2011, foi divulgado o relatório da Comissão de Integridade de Pesquisa do CNPq com as seguintes linhas de ação:

a) ações preventivas e pedagógicas (disciplinas em cursos de graduação e pós-graduação com orientações claras sobre ética na publicação; divulgação de cartilhas *online* com condutas adequadas para boas práticas de publicações) e

b) ações de desestímulo a más condutas, inclusive de natureza punitiva (a serem realizadas por comissão própria do CNPq).

As punições adotadas em caso de identificação de plágio envolvem, em um primeiro momento, comunicação direta e advertência sobre a falta ética detectada aos autores do plágio. Estes devem ter um prazo para modificar seu texto, respeitando as regras de autoria. Outras sanções podem ser adotadas: interromper o processo de avaliação do artigo, proibir nova publicação no periódico e, caso o artigo já tenha sido publicado, apresentar um "aviso de retratação". São conhecidos alguns casos de pessoas que perderam títulos (de mestrado e doutorado) quando identificado plágio e/ou falsificação de resultados em seus trabalhos.

As diretrizes visam a mostrar aos autores eticamente responsáveis por seu trabalho esse mau comportamento. Evidenciando uma expectativa de que "todo trabalho de pesquisa deve ser conduzido dentro de padrões éticos na sua execução, seja com animais ou com seres humanos" (CNPq, 2011, p.4). Falar em ética não é um ato simples. Envolve uma decisão pessoal de adotar princípios considerados moralmente corretos na condução de seus estudos, desde a construção do projeto até a apresentação dos resultados. Isso exige um compromisso com a verdade, com o rigor metodológico e com a apresentação correta dos resultados (mesmo que estes não sejam tão esplêndidos quanto o esperado ao projetar o estudo). Aí se incluem o plágio e o autoplágio, a apropriação de ideias de trabalhos não publicados e a falsificação de resultados.

A afirmação: "Não foram encontradas diferenças estatisticamente significativas" frustra muitos profissionais, em especial aqueles que iniciam no mundo da investigação científica. Nesse momento, entra em jogo o compromisso com a ciência e com a ética. Sim, um resultado sem diferenças é um dado válido na ciência. Isso pode direcionar estudos posteriores para outros aspectos mais relevantes. Se todos os preceitos éticos foram respeitados, esse estudo é válido e importante de ser publicado. Entretanto, alguns autores modificam seu banco de dados até encontrar resultados estatisticamente significativos, alterando o resultado real da pesquisa. Essa atitude pode configurar falsificação de resultados. Por exemplo, um pesquisador acredita que o tempo gasto junto com a família atua como um fator de proteção ao uso de drogas; entretanto, ao pesquisar um grupo de adolescentes, isso não se verifica. Os autores têm duas opções: apresentar os resultados encontrados e apresentar as limitações do estudo (que é uma opção eticamente correta) ou escolher no banco apenas os casos em que a família atuou como fator protetivo e apresentar os resultados (o que pode configurar falsificação de resultados). Essa situação pode acontecer em diferentes propostas metodológicas, mesmo em estudos qualitativos.

Para que a ética seja mantida no processo de publicação de resultados de um estudo é importante redigir um documento que respeite aspectos de autoria. Para que isso aconteça, no entanto, é necessário pensar além de questões metodológicas. Existem as situações de plágio ou de mau uso de outras fontes (principalmente em projetos e em manuscritos submetidos à análise) por desconhecimento. Mas podem existir situações de uso intencional do plágio. Os quatro itens que se referem diretamente a situações de plágio no material divulgado pelo CNPq (2011) não discutem a questão da intenção. Observando o resultado do trabalho apresentado, é importante que: os autores sempre deem crédito às fontes utilizadas em seu trabalho; as citações diretas (literais) devem ser colocadas entre aspas; os resumos ou paráfrases devem reproduzir o sentido das ideias apresentadas na fonte e a mesma deve ser citada; todas as fontes, e somente as utilizadas no texto, devem ser apresentadas na seção de referências. O mau uso dessas indicações poderá gerar textos parafraseados sem citação da fonte (um dos problemas mais identificados por Silva & Domingues, 2008), apresentação de fontes das referências que não foram, de fato, utilizadas para a descrição do estudo, e, consequentemente, uma mistura das informações realmente novas com dados já publicados anteriormente.

Outro aspecto a ser considerado na questão do plágio é a citação de citação. Se eu digo "que fulano disse que beltrano falou" eu não necessariamente estou dizendo o que beltrano, de fato, quis dizer. O medo em relação à dupla citação é com a interpretação que os autores dão à leitura feita na fonte. Se a

MANUAL DE PRODUÇÃO CIENTÍFICA **119**

fonte está disponível é importante ler no original (CNPq, 2011). Obviamente existem fontes de difícil acesso (especialmente quando se pretende fazer um artigo de revisão bibliográfica). Nesses casos, há a orientação de que os autores se certifiquem que a opinião do segundo autor está correta e sempre indiquem a fonte original da informação que está sendo relatada (CNPq).

O CNPq (2011) não indica como certificar-se quanto à correção da informação. Uma possibilidade é buscar outros textos que citem o mesmo autor/estudo que está sendo referenciado ou buscar outras obras dos mesmos autores. Há a alternativa de conversar com outros profissionais da área para verificar se a informação está correta. Essa busca, além de dar mais subsídios para os autores, pode ainda possibilitar a substituição da fonte secundária pelo uso de outro material de forma direta.

Como discutido anteriormente, não há nada que nunca tenha sido dito. Assim, os autores sempre utilizarão outras obras para construir um texto autoral. As suas ideias surgem na articulação de trabalhos consultados ou na construção de novas hipóteses de pesquisa. Assim, é fundamental que os autores construam seus textos de modo que os leitores identifiquem quais ideias são deles e quais estão baseadas nas fontes consultadas (CNPq, 2011).

Outros dois itens apresentados pelo CNPq (2011) referem-se diretamente ao autoplágio. Como os pesquisadores tendem a apresentar resultados preliminares de seus estudos em eventos científicos ou em *sites* institucionais, é importante que haja uma indicação clara se os dados apresentados no artigo já foram previamente divulgados, desde o momento da submissão do manuscrito. Da mesma forma, trabalhos já publicados pelos próprios autores, quando retomados em obras devem ser referenciados e citados corretamente. Esses dois itens deixam bem claro que a autocitação não é promoção pessoal, mas é um cuidado ético para não configurar plágio. Ainda em relação à publicação de dados de um estudo, o CNPq condena a divisão de um estudo único complexo em diversas publicações. Isso, muitas vezes, acontece porque os autores querem ampliar seu currículo. Muitos cursos de mestrado e doutorado já estão autorizando seus estudantes a apresentarem os resultados de seus estudos na forma de artigos. Isso, por um lado, facilita a publicação de resultados mais complexos, mas, por outro, faz com que dados sejam menos problematizados/aprofundados para cumprir exigências editoriais (como número de páginas e de tabelas em um manuscrito).

A publicação de manuscritos é uma exigência cada vez mais presente no cotidiano da academia. Assim, conseguir a aprovação de um artigo em uma revista qualificada é uma batalha que pode durar vários meses. Para isso, é fundamental usar referências de outras revistas de qualidade. Entretanto, o CNPq (2011) é taxativo ao afirmar que é prática eticamente inaceitável incluir essas referências intencionalmente somente para ampliar a probabilidade de aceitação do manuscrito. Os autores devem utilizar em seu trabalho referências reconhecidas, mas devem analisá-las pelo mérito e não somente para possibilitar a publicação em revista de boa visibilidade. É esperado que os autores relatem estudos que contrariem seu ponto de vista (caso existam) e verifiquem a solidez metodológica de estudos que confirmem seus resultados. Caso existam deficiências metodológicas, estatísticas ou de outra natureza nos estudos referidos para embasar os resultados, é importante esclarecê-las aos leitores.

Dois itens não se referem diretamente ao plágio, mas indicam uma obrigação ética dos autores com seu próprio estudo (retomando aqui a ideia de falsificação de resultados). As orientações do CNPq (2011) indicam que os autores façam o relato detalhado de todos os itens importantes para a reprodução/replicação de seu estudo por outros pesquisadores. Da mesma forma, é solicitado que alterações nos resultados iniciais, em comparação aos publicados, sejam justificadas e detalhadas. Essa modificação de resultados acontece frequentemente em estudos estatísticos (nos quais a limpeza do banco faz com que dados de participantes sejam desconsiderados ou a análise das variáveis do banco de dados exigem a alteração de testes estatísticos pré-definidos em função das características da amostra). Não há uma proibição quanto a essa alteração, mas há uma exigência em justificar essas modificações (para não configurar falsificação de resultados em busca de resultados significativos).

As normativas apresentadas pelo CNPq (2011) indicam que não somente o plágio passa a ser algo que não deve ser feito. Diversos itens referem-se a aspectos que devem ser definidos antes de um manuscrito começar a ser escrito, dentre eles a autoria. Há uma preocupação com a participação ativa e real dos autores com o seu texto publicado. Orienta que a inclusão e a ordem de autoria de um manuscrito seja um assunto abordado antes mesmo de se começar a escrever. Sugerem que orientações já estabelecidas sejam seguidas (cita as normas do International Committee of Medical Journal Editors disponível em http://www.icmje.org/1997_urm.pdf). Outra possibilidade é construir normas de autoria a serem seguidas no programa ou no grupo de pesquisa envolvido com os resultados.

Witter (2010) apresenta um sistema de pontuação para estabelecimento de autoria, tendo em vista o aumento de autoria múltipla e a necessidade de estabelecer tanto quem entra na listagem de autores quanto a ordem da colocação dos nomes. A listagem apresenta 20 itens (p. ex.: criar a ideia que deu origem ao artigo ou conseguir participantes para o estudo) que têm pesos diferentes (de seis a um ponto). Para ser autor, o candidato deve atingir pelo menos sete pontos, e a ordem de autoria é definida da pontuação maior para a menor. Enfatiza que os critérios podem ser redefinidos pelo grupo, incluindo ou eliminando itens. Outro sistema de pontuação, bem como a definição de cada item da tabela é apresentado em Petroianu (2002).

O Quadro 7.1 apresenta os critérios adotados no grupo de pesquisa coordenado pela autora deste capítulo (Grupo de Estudos em Psicologia Comunitá-

☑ QUADRO 7.1
Critérios para autoria elaborados pelo grupo de pesquisa

Modalidade de trabalho	Exigências	N° de autores
Artigo em periódico indexado ou capítulo de livro	Envolvimento direto na coleta ou análise dos dados e na elaboração do artigo, NÃO incluindo auxílio na formatação e no envio; Participar há seis meses no grupo de pesquisa; Cumprimento das tarefas assumidas no grupo.	Três a quatro autores
Artigo em revista não indexada ou *site*	Envolvimento direto na elaboração do trabalho; Participar há quatro meses no grupo de pesquisa.	Até 10 autores
Trabalho em congressos ou jornadas	Envolvimento direto na elaboração do trabalho (resumo e/ou apresentação); Participar há um mês no grupo de pesquisa.	Até três autores (oral) e até sete autores (pôster)
Trabalho em salões de iniciação	Envolvimento direto na elaboração do trabalho, incluindo a formatação da apresentação; Participar há um mês no grupo de pesquisa.	Todos do grupo ou número definido pelo evento

ria – Saúde.com). Os critérios foram estabelecidos em conjunto com o grupo, e quando outros estudantes passam a participar das reuniões recebem uma cópia destes com outras orientações sobre como agir quanto a publicações. A ordem da autoria é definida pelo grupo após a realização do trabalho, colocando como primeiro autor o que mais se envolveu na elaboração específica do trabalho.

Além de normas internacionalmente reconhecidas, o CNPq (2011) define que somente pessoas que contribuíram significativamente no trabalho merecem a autoria. Define contribuição significativa como "realização de experimentos [como aplicadores], participação na elaboração do planejamento experimental, análise de resultados ou elaboração do corpo do manuscrito" (p. 4). Indica que pessoas que emprestaram equipamentos, conseguiram financiamentos ou supervisionaram o trabalho de forma geral podem receber um agradecimento por sua contribuição, mas não têm o direito a autoria.

Assumir a autoria é assumir uma responsabilidade ante o que está sendo publicado. No momento em que uma pessoa entra para a lista de autores, passa a ser responsável "pela veracidade e idoneidade do trabalho, cabendo ao primeiro autor e ao autor correspondente responsabilidade integral, e aos demais autores responsabilidade pelas suas contribuições individuais" (CNPq, 2011, p.4). Ou seja, os autores devem ser capazes de descrever de que modo cada um contribuiu para o andamento do trabalho e para que o manuscrito ficasse pronto. Os primeiros na ordem de autoria são responsáveis pela totalidade do trabalho, mas cada um é responsável por sua contribuição.

CONSIDERAÇÕES FINAIS

É fundamental que, desde o início da vida acadêmica, os estudantes discutam sobre plágio e sobre suas implicações em seus futuros profissionais (Rodríguez-Quispe & Sanches-Baya, 2011). Não apenas falar sobre as consequências do uso de plágio, mas trabalhar a relevância de comprometer-se com a construção de novos conhecimentos e, consequentemente, com a responsabilidade de ser autor. Os estudantes não devem ser considerados meros reprodutores de informações, mas devem perceber-se desafiados a apresentar ideias novas sobre um assunto a partir da coleta de informações relevantes e, por ventura, contraditórias disponibilizadas atualmente. O desafio da universidade é desenvolver e aprimorar essa noção de autoria, utilizando a internet como uma ferramenta útil para o desenvolvimento de novas ideias. Por meio dela, textos abertos, discutíveis e em constante construção podem auxiliar na formação da cidadania. Isso exige também uma mudança nos professores, que devem compor aulas autorais e citar as fontes que os auxiliaram a construir esse conhecimento (Demo, 2011).

Portanto, apesar de todos os cuidados e preocupações com a identificação de plágio em trabalhos científicos, é importante atentar para espaços que permitam a construção de autores. É necessária uma revisão da proposta de ensino permitindo que os estudantes aprendam a acreditar em suas ideias e a apresentá-las de forma ética e responsável. Todo conhecimento científico é construído a partir de outros estudos. Eticamente, os estudantes devem apresentar seu referencial de apoio e comunicar novas contribuições para seu campo de ação. Esse é o maior desafio para os cientistas de hoje: construir novas ideias e assumir a responsabilidade pela autoria delas.

REFERÊNCIAS

American Psychological Association (2012). *Manual de publicação da APA* (6. ed.). Porto Alegre: Penso.

MANUAL DE PRODUÇÃO CIENTÍFICA **123**

Barbastefano, R. G. & Souza, C. G. (2007). Percepção do conceito de plágio acadêmico entre estudantes de engenharia de produção e ações para sua redução. *Revista Produção – online, Ed. Especial*. Recuperado de: http://www.producaoonline.org.br/rpo/article/view/52/52

Becerril Ángeles, M. (2010). Editorial: La ética em las publicaciones de revistas médicas. *Revista Alergia México, 57*(4), 105-106. Recuperado de: http://www.artemisaenlinea.org.mx/acervo/pdf/revista_alergia_mexico/1Laeticaenlaspublicaciones.pdf

Bennett, K., Behrendt, L. S., & Boothby, J. L. (2011). Instructor perceptions of plagiarism: Are we finding commom ground? *Teaching of Psychology, 38*, 29-35.

Biscalchim, A. C. S. & Almeida, M. A. (2011). Direitos autorais, informação e tecnologia: Impasses e potencialidades. *Liinc em Revista, 7* (2), 638-652. Recuperado de: http://revista.ibict.br/liinc/index.php/liinc/article/viewFile/424/314

Caso, R. (2011). *Plagio e creatività*: Um dialogo tra diritto e altri saperi. Recuperado de: http://eprints.biblio.unitn.it/2278/1/pdf_unico_caso_16.12.2011.pdf

Committee of Publications Ethics – COPE (1999). Guidelines on good publication practice. *The COPE report 1999*. Recuperado de: http://publicationethics.org/static/1999/1999pdf13.pdf

Conselho Nacional de Desenvolvimento Científico e Tecnológico – CNPq (2011). *Ética e integridade na prática científica*. Relatório da Comissão de Integridade de Pesquisa do CNPq. Recuperado de: http://www.ppggev.ufscar.br/wp-content/uploads/2011/10/Normas-Etica--e-Integridade-Pratica-Cientifica-CNPq.pdf

Demo, P. (2011). Remix, Pastiche, Plágio: Autorias da nova geração. *Meta: avaliação, 3*(8), 125-144. Recuperado de: http://metaavaliacao.cesgranrio.org.br/index.php/metaavaliacao/article/view/119/139

Foucault, M. (2002). *O que é um autor?* Lisboa, Portugal: Passagens.

Gomes, L. L. Z. & Dalberio, O. (2009). Aspectos éticos no uso da internet como ferramenta de pesquisa. *Revista Triângulo: Ensino Pesquisa Extensão – Uberaba, 2*(1), 31-41.

Imayuki, G. (2008). Ética do direito autoral: Uma breve análise ética-jurídica. *Kerigma, 4*(20), 17-41. Recuperado de: http://www.unasp-ec.com/revistas/index.php/kerygma/article/view/79/70

Ohler, L. (2010). Editorial: Escrevendo para publicação: Questões Éticas. *Texto Contexto Enfermagem, 19*(2), 214-216. Recuperado de: http://dx.doi.org/10.1590/S0104-07072010000200001

Ordem dos Advogados do Brasil – OAB (2010). *Proposição 2010.19.07379-01*. Proposta de adoção de medidas para prevenção do plágio nas Instituições de Ensino e do comércio ilegal de monografias. Recuperado de: http://www.oab.org.br/editora/revista/Revista_10/julgados/Proposicao_2010.19.07379-01.COP.pdf

Petroianu, A. (2002). Autoria de um trabalho científico. *Revista da Associação Médica Brasileira, 48*(1), 60-65. Recuperado de: http://www.scielo.br/pdf/ramb/v48n1/a31v48n1.pdf

Rodriguez, A. S. (2012). El plagio y su impacto a nivel acadêmico y profesional. *E-Ciencias de La Información, 2*(1). Recuperado de: http://www.revistas.ucr.ac.cr/index.php/eciencias/article/view/1213/1276

Rodríguez-Quispe, N. & Sanches-Baya, M. (2011). Editorial: Plágio, uma falta de ética. *Revista Científica de Ciências Médicas, 14*(2), 6-7. Recuperado de: http://www.rev-ccm.umss.edu.bo/index.php/rccm/article/view/165/135

Silva, A. K. L. & Domingues, M. J. C. S. (2008). Plágio no meio acadêmico: De que forma estudantes de pós-graduação compreendem o tema. *Perspectivas contemporâneas, 3*(2), 117-135. Recuperado de: http://www.revista.grupointegrado.br/revista/index.php/perspectivascontemporaneas/article/viewFile/448/247

Silva,O. S. F. (2008). Entre o plágio e a autoria: Qual o papel da universidade? *Revista Brasileira de Educação, 13*(38), 357-414. Recuperado de: http://www.scielo.br/pdf/rbedu/v13n38/12.pdf

Torresi, S. I. C., Pardini, V. L., & Ferreira, V. F. (2009). Editorial: Fraudes, plágios e currículos. *Química Nova, 32*(6), 1371. Recuperado de: http://www.scielo.br/pdf/qn/v32n6/01.pdf

Witter, G. P. (2010). Ética e autoria na produção textual científica. *Informação & Informação, 15*, 130-143.

8
Erros comuns na escrita científica em língua portuguesa

Diogo Araújo DeSousa
Tiago Cavalcanti

Embora seja frequente escutar de graduandos e pós-graduandos desabafos sobre as dificuldades que encontram para produzir seus textos acadêmicos, a tarefa de escrever é, em tese, simples. Sim, simples. Escrever é tão somente unir um conjunto de símbolos restritos – em nossa língua, exatamente, vinte e seis – em um espaço branco. O problema está em outra instância da escrita, a instância que deve ser pretendida pelos acadêmicos: escrever bem. E escrever bem, no entanto, não é tão simples.

Para a realização dessa tarefa hercúlea, uma porção de regras, restrições, dúvidas e revisões somam-se às já dezenas de leituras imprescindíveis e ao bloqueio intelectual, muitas vezes só rompido às vésperas do prazo de entrega. Nesse empenho – e muitos se empenham de verdade para escrever o melhor possível –, diversas são as peças que a nossa língua prega.

O objetivo deste capítulo é, então, discutir alguns "erros" comumente encontrados em artigos, teses, dissertações e outros manuscritos no tocante à adequação da língua portuguesa à escrita científica. Os exemplos aqui discutidos são produtos de anos de revisões de texto e foram selecionados por serem recorrentes nas mais diversas áreas – das ciências humanas às exatas.

Mas o que queremos dizer com "adequação da língua à escrita científica"? Para entendermos isso, é necessário ter clara a noção de "gênero". Gênero textual tem sido a categoria sobre a qual os estudiosos da linguagem vêm se debruçando nas últimas décadas para entender melhor os mecanismos que movimentam a comunicação humana. Em termos práticos, o estudo do gênero busca demonstrar que, além de ser um acontecimento comunicativo, o texto é um evento social em que relações de poder, de respeito e de persuasão são estabelecidas a depender de sua qualidade linguística (Bakhtin, 2000; Marcuschi, 2002).

O estudo do gênero entende que em cada momento é exigido das pessoas um "comportamento de linguagem" e que elas precisam ter competência linguística para migrar com maestria de uma situação de comunicação para outra. Gêneros são acontecimentos linguísticos gerados por interações comunicativas que são tão inúmeras quanto são nossas formas de relações sociais (Marcuschi, 2002). Uma piada, por exemplo, embora bem-vinda em uma conversa despretensiosa entre amigos, pode ser inconveniente em situações em que a seriedade e o silêncio são lei. Do usuário da língua, é exigido esse domínio, esse "tato" em relação à adequação linguística nas nossas interações comunicativas.

Parece óbvio, mas infelizmente essa percepção não é tão evidente quando analisamos textos acadêmicos.[1] Inúmeras são as dissertações, teses e outras produções científicas com escrita desleixada, com ambiguidades excessivas, com uso de provérbios e com erros de concordância que não são aceitáveis vindos de indivíduos que carregam os mais altos títulos do sistema educacional do país. Adequar-se ao gênero científico, isto é, adequar-se ao paradigma social que se espera dos cientistas é, pois, ratificar o compromisso com as honrarias acadêmicas agregadas (Ph.D., Doutor, Mestre, Especialista, Licenciado, Bacharel) e com a qualidade vocabular que essas alcunhas inspiram socialmente. Desvios gramaticais em textos acadêmicos significam muito mais do que meros deslizes: são uma demonstração de descuido com o próprio idioma e com a ciência.

O exercício científico traz consigo a obrigação de escrever e publicar como parte do processo de investigação. Os resultados dos nossos estudos devem ser comunicados – escritos e publicados – em uma linguagem adequada ao seu gênero. A linguagem científica deve transmitir objetivamente informações acerca das pesquisas e trabalhos realizados. Portanto, deve ser clara e precisa, evitando expressões com sentido vago ou que possam abrir espaço para interpretações equivocadas (Bem, 2003; Day, 2001; Granja, 1998). O

---

[1] Embora a definição de texto compreenda em seu significado os discursos orais e escritos, a crítica aqui elaborada limita-se à produção escrita. Afinal, o texto científico quando exposto no modelo de palestra, por exemplo, permite maior flexibilidade e desvio gramatical assegurados pela Oratória e Pragmática – áreas que dominam a atividade verbalizada.

texto deve seguir as normas e regras do idioma em que é escrito para assegurar que todas as informações sejam acessíveis aos leitores e compreendidas devidamente (Bem, 2003; Trzesniak & Koller, 2009).

Seguir essas indicações gera ainda outros benefícios. Segundo Bem (2003), a diferença entre os manuscritos que são aceitos para publicação e aqueles que são recusados "por pouco" geralmente se encontra na forma como eles estão escritos. Bem (2003), autor e editor de periódicos internacionais, alerta-nos: os pesquisadores não podem esperar que editores e revisores percebam a grandeza do seu trabalho por trás de uma escrita poluída que a ofusca (Bem, 2003).

Como afirmaram Trzesniak e Koller (2009), um texto bem escrito e adequado causa uma boa impressão aos editores, o que inclusive ajuda a reduzir o tempo entre a submissão do manuscrito e a sua publicação. Um trabalho com "erro de apresentação nas normas ou na escrita culta de seu texto pode ser interpretado pelos revisores ou editores como desleixo" (p. 22). Desleixo esse que muitos podem atribuir não apenas à confecção do texto, mas a toda a investigação, pesquisa, ou trabalho conduzido. Em outras palavras, apresentar um texto inadequado quanto às normas e ao gênero científico pode comprometer a sua credibilidade como cientista.

Ainda assim, os desvios da norma padrão gramatical são frequentes em diversos escritos acadêmicos. É por isso que escrevemos este capítulo. Para discutir questões que ajudem a evitar problemas comuns na redação científica. Para dialogar sobre como respeitar as normas da língua portuguesa e lapidar a sua escrita. A partir daqui, discutiremos um a um alguns dos desvios constantes encontrados nos manuscritos que revisamos durante nossa experiência com esse trabalho. Os exemplos apresentados foram adaptados com finalidade didática e se referem ao campo da Psicologia – área de atuação do primeiro autor –, mas os desvios discutidos são comuns a escritos de todas as áreas.

DESVIOS DE ESTILÍSTICA

Figuras e vícios de linguagem. As figuras de linguagem são muito utilizadas em diversos gêneros textuais, como poemas, cantos e epopeias. Nesses gêneros, os quais prezam pela subjetividade, elas funcionam genialmente. Nos textos científicos, no entanto, são tão inadequadas quanto desnecessárias. Em textos acadêmicos, a exatidão e o rigor formal devem ser privilegiados, tendo em vista que a mensagem precisa ser transmitida de maneira clara e objetiva. Figuras de linguagem apenas ridicularizariam um texto que deve ser, antes de tudo, prático. Um conselho básico: deixe as figuras de linguagem e de estilo para os escritos literários, afinal, ciência não é literatura poética (Trzesniak & Koller,

2009). Por isso, prefira uma linguagem simples a uma floreada. Caso contrário, seu texto ficará poluído de metáforas, prosopopeias, ecos e pleonasmos.

É preciso estar ciente que essas figuras de linguagem só assumem a função de recursos de estilo e de qualidade textual quando bem empregadas. Mesmo as metáforas mais criativas e profundas tornam-se vícios de linguagem quando usadas em textos aos quais elas não convêm, como os científicos. Nada adicionam a eles ou ainda atrapalham sua leitura. Vamos a alguns exemplos.

Metáfora. *"O estado civil dos participantes apresentou resultados inesperados, afinal, entre jovens, na flor da idade e com os hormônios atuando a todo vapor, esperava-se que aqueles que se declararam solteiros tivessem índices de relações sexuais mais elevados do que os comprometidos"*. A metáfora é uma figura que consiste em comparar duas ideias que guardam razão de similaridade. No entanto, metáforas mal colocadas ou desgastadas como estas são evidentes clichês, que nada adicionam ao texto e ainda comprometem a sua objetividade. Uma opção simples para reescrever esse trecho objetivamente seria suprimir a metáfora ou trocá-la por alguma expressão mais adequada, como *"entre jovens na puberdade"*.

Eco. *"Este estudo teve como objetivo investigar autoestima e comportamentos infratores; observando as relações de tais comportamentos com esse construto que é sempre lembrado, mas pouco estudado, especialmente dentro do tema abordado"*. O eco é um recurso que, em poemas, traz cadência. Nos demais textos, no entanto, traz incômodo. Reler o seu texto em voz alta ajuda a identificar casos em que esse vício atrapalha a escrita científica.

Pleonasmo. *"A grande maioria dos participantes na condição experimental apresentou efeitos maiores que o grupo-controle. [...] Estudos realizados há décadas atrás já demonstravam os efeitos negativos do uso de drogas nas habilidades cognitivas. [...] As análises se basearam nos três pilares fundamentais da psicologia positiva. [...] Os comportamentos compulsivos são um dos principais sintomas indicativos do TOC. [...] Para que a intervenção funcione, é preciso planejar antecipadamente seus elementos constituintes. [...] A Tabela 1 traz um resumo sintético dos dados relativos às crianças em situação de rua. [...] Foi obtida a autorização prévia do comitê de ética"*. No pleonasmo, palavras são usadas com o intuito de reforçar uma ideia e subjetivá-la ainda mais. Entretanto, quando esse reforço se torna óbvio, como nos exemplos citados, o resultado é um texto mais longo e repleto de palavras desnecessárias que incomodam os leitores mais atentos – exatamente aqueles que lhe avaliarão. Afinal, *"maioria"* é um termo que já indica "grande parte"; o verbo *"haver"* já indica tempo passado; a definição de *"pilar"* já inclui a noção de "fundamental"; e o conceito de *"sintoma"* já significa, por si só, uma manifestação ou queixa "indicativa" de algo; e assim por diante.

DESVIOS DE PONTUAÇÃO

Sinais de pontuação são elementos presentes em quase todos os idiomas. Isso porque há a necessidade de não só escrever bem, mas escrever de modo organizado. Tenha sempre em mente que, se a pontuação não torna nem a leitura nem o visual do seu texto mais agradável, significa que você não está aplicando bem esse recurso.

Vejamos um exemplo: *"Os dados encontrados mostram que a correlação proposta por Silva, Souza e Santos (2010), pode sim existir, afinal a renda e a escolaridade não são baixas e também pode indicar que o número de adolescentes que fazem uso de camisinha com o intuito de evitarem a contração do vírus da AIDS e a prevenção da gravidez precoce parece indicar que há uma mudança nas posturas adotadas pelos nossos jovens, talvez pela massificação das políticas públicas de prevenção e também, como afirma levantamento feito por James (2004), pelo processo de descentralização de ações e serviços de saúde proposto pelo Sistema Único de Saúde (SUS), a partir do qual a atenção à saúde dos adolescentes foi reorientada primordialmente para o nível primário da atenção à saúde, a atenção básica".*

Os sinais de pontuação têm como representantes maiores a "vírgula" e o "ponto final". Este para determinar conclusão de ideias e aquela para marcar continuidade de pensamento. No exemplo citado, temos dez linhas que não apresentam outro ponto final que não – evidentemente – o último. Se os leitores precisam ler tantas palavras para uma única ideia, é garantido que, ao chegar ao final da sentença, eles nem se lembram mais de seu início, e acabam não entendendo a ideia. Se o mesmo trecho fosse reescrito com frases curtas e diretas, certamente se tornaria mais claro e não cansaria os seus leitores com vírgulas exageradas e excesso de conectivos como "e", "também", "afinal", "a partir". A solução é simples: se você já estiver na quarta linha de uma sentença e ela não tiver acabado, busque finalizá-la e retomá-la na próxima ou em outra mais adiante. Isso quase sempre é possível e o seu texto ganha em clareza e organização.[2]

Outros exemplos relacionados à pontuação: *"Nota-se que a ocorrência de um aborto anterior à atual gestação, gera um decréscimo no estado de saúde e bem-estar. [...] Smith e Jones (2004), afirmam que, cognição social é o estudo da maneira como o indivíduo seleciona, interpreta e usa a informação para juízo e tomar decisões".* Tais erros são comuns a muitos escritos. Precisamos ter em mente que a vírgula não deve separar, na norma padrão, sujeitos de ver-

---

[2] Essa sugestão, embora eficiente, não é regra. Parênteses e ressalvas, por exemplo, nem sempre implicam em uma leitura cansativa.

bos principais ou verbos de seus complementos – nos exemplos, "a ocorrência do aborto gera" e "Smith e Jones (2004) afirmam algo sobre cognição social". Não cabem vírgulas entre essas palavras, pois não há quebra no pensamento e na mensagem. A referência é o sujeito da sentença.

O problema do mau uso da vírgula torna-se ainda mais grave quando envolve dois tipos específicos de orações: as subordinadas adjetivas restritiva e explicativa. Estes exemplos tornam a explicação mais prática: *"O abuso sexual que ocorre dentro de casa precisa ser denunciado"*; *"O abuso sexual, que ocorre dentro de casa, precisa ser denunciado"*. No primeiro caso, a oração restritiva utilizada especifica quais os abusos que precisam ser denunciados: os que ocorrem dentro de casa. Isto é, nela, a mensagem se restringe a esse tipo de abuso sexual. Já no segundo caso, a mensagem passada dá a entender que todo abuso ocorre dentro de casa, pois a oração entre vírgulas assume finalidade explicativa. É preciso tomar muito cuidado com a pontuação em frases assim, pois nelas a vírgula é capaz de alterar drasticamente a ideia transmitida pelo texto.

Outro tópico relativo à pontuação é o uso exagerado de apostos, orações intercaladas ou ressalvas. Por exemplo: *"Desenvolvida, em seu formato inicial, em meados do século XX, a teoria evolutiva vocacional, umas das principais teorias na área do desenvolvimento de carreira, postula que o desenvolvimento vocacional, que compreende diversos aspectos da vida profissional do indivíduo, se dá através de cinco grandes estágios, cuja sequência é compreendida como um maxiciclo vital, chamados de: Crescimento, Exploração, Estabelecimento, Manutenção e Aposentadoria"*. Esse trecho abusa do uso desses recursos, que quebram a sequência da frase principal e das outras mensagens que se pretende passar.

O mesmo trecho poderia ser reescrito da seguinte forma: *"A teoria evolutiva vocacional é uma das principais teorias na área do desenvolvimento de carreira. Seu formato inicial foi desenvolvido em meados do século XX. Para essa teoria, o desenvolvimento vocacional abrange diversos aspectos da vida profissional do indivíduo e se dá por meio de cinco grandes estágios: Crescimento, Exploração, Estabelecimento, Manutenção e Aposentadoria. A sequência desses estágios é compreendida como um maxiciclo vital"*. Dessa maneira, a leitura fica mais clara, e a compreensão do texto também.

DESVIOS DE SINTAXE

Em escritos científicos, os desvios de sintaxe – parte da gramática responsável pela disposição das palavras na frase e das frases no discurso, bem como da relação lógica entre elas – vão muito além dos clichês "nós vai" e "a gente vamos". Os erros de concordância e de estrutura nos textos científicos são, em geral, produtos de formulações de frases mais complexas, ou ainda de momentos em que redigitamos algo, apagando e modificando o que havíamos escrito anteriormente. Seguem alguns exemplos.

Problemas causados por distância entre sujeito e predicado. *"Tempos de reação menores quando a seta substitui uma classe particular de estímulos indica um viés na atenção para esse tipo de estímulo".* [...] *"Os vínculos que a criança estabelece com seus pares é a principal fonte de relações cooperativas, nas quais se estabelece o respeito mútuo".*

Os dois desvios de sintaxe foram provavelmente gerados pelo distanciamento entre o sujeito (praticante da ação) e o predicado (ação praticada). No primeiro exemplo, "Tempos", núcleo do sujeito, está a doze palavras de diferença de seu verbo referencial "indicar". No segundo exemplo, "vínculos" está a sete palavras do verbo "ser". Em ambos os casos, além da localização espacial na frase ser um agravante, os termos presentes entre essas palavras ("seta", "classe particular", "criança") parecem tornar a frase que inicialmente era plural em singular. A solução é tão antiga quanto eficiente: perguntar sempre ao verbo quem o está praticando. Assim, no primeiro exemplo, "os tempos de reação *indicam* um viés" e, no segundo, "os vínculos *são* a principal fonte".

Problemas causados pela inversão da ordem direta. A redação científica deve priorizar, além da escrita simples e clara, a ordem direta (Bem, 2003). Por isso, é preferível que, sempre que possível, as orações sejam formuladas seguindo a estrutura "sujeito + verbo + restante do predicado". Essa ordem facilita a leitura e deixa o texto mais claro. Por exemplo:

"Afirmam as maiores pesquisas na área de tratamento da ansiedade infantil que são maiores os benefícios para as crianças diagnosticadas com esse tipo de transtorno se algum trabalho com os pais for também contemplado pelas intervenções". Esse trecho possui diversas orações em ordem inversa. Se reescrito na ordem direta, teríamos: *"As maiores pesquisas na área de tratamento da ansiedade infantil afirmam que os benefícios para as crianças diagnosticadas com esse tipo de transtorno são maiores se as intervenções também contemplarem algum trabalho com os pais".* É notório que, uma vez redigido em ordem direta, o texto se torna mais simples e claro – mais adequado ao estilo científico.

Percebam ainda que, além da ordem direta, modificamos a última oração passando-a para a voz ativa (*se as intervenções contemplarem*) em vez da voz passiva anterior (*se algum trabalho com os pais for contemplado*). Fica mais uma dica: sempre que possível, recorra à voz ativa. Essa voz verbal, em conjunto com outros recursos, tem por característica trazer vivacidade ao texto, tornando a sua leitura mais agradável e menos cansativa. Na voz ativa, o verbo age; ele se mostra "vivo" e o mesmo acontece com o texto. Já na voz passiva, o verbo sofre ação; logo, está parado e o texto e a sua leitura também. Pelo mesmo motivo, além de preferir os verbos de ação, ponderar o uso dos verbos de estado (p. ex., ser, estar, haver) é também outra boa forma de trazer dinamicidade ao seu escrito.

Problemas causados por mau uso da concordância. Outros problemas bastante comuns se encontram no uso da concordância inadequada, tanto em termos de número (singular e plural) quanto de gênero (masculino e feminino). Seguem alguns exemplos.

"*Uma série de dados sugerem mudanças nos comportamentos dos jovens*". [...] "*Dado os altos escores de depressão pós-parto*". [...] "*Visto os índices dos estudos que apontam*". [...] "*A maioria dos participantes apresentaram sintomas de depressão*". [...] "*Levado em consideração as ideias de Prado (2005)*". [...] "*Propõe-se as seguintes hipóteses*". [...] "*A troca de agressões entre os irmãos foram punidos*". Em todos esses casos, a correspondência entre o gênero ou o número dos termos sublinhados é falha. Para a devida correção, a norma padrão requer que os verbos concordem com os núcleos dos sujeitos a que se referem. Assim, a escrita adequada seria: "*uma série de dados sugere*"; "*dados os altos escores*"; "*vistos os índices*"; "*a maioria dos participantes apresentou*"; "*levadas em consideração as ideias*"; "*propõem-se as seguintes hipóteses*"; "*a troca de agressões entre os irmãos foi punida*".

Problemas causados por desconhecimento de regência. Alguns verbos em Língua Portuguesa exigem complementos para as ideias que trazem aos textos. São os chamados verbos transitivos. Os complementos que os seguem podem vir ou não iniciados com alguma preposição (complementos diretos e indiretos, respectivamente). Os desvios mais comuns no campo da regência verbal – que trata dessa relação entre os verbos e seus complementos – dizem respeito ao mau uso das preposições. Por exemplo, no trecho "*É preciso fortalecer o vínculo com os adultos que as crianças vítimas de abuso sexual confiam*", faltou a adequação da regência do verbo "confiar". Em geral, solucionamos dúvidas sobre regência com frases como "quem confia, confia *em* alguém". Assim, o exemplo anterior corrigido traria que "*é preciso fortalecer o vínculo com os adultos em quem as crianças vítimas de abuso sexual confiam*".

Outro exemplo: "*Algumas das atividades nas instituições que as crianças em situação de rua relataram gostar foram [...]*". Questionando mais uma vez a regência do verbo, dizemos que "quem gosta, gosta *de* algo". Assim, diríamos que "*Algumas das atividades nas instituições de que as crianças em situação de rua relataram gostar foram [...]*". É preciso tomar ainda mais cuidado com esse tipo de desvio quando dois verbos com regências distintas aparecem juntos. Por exemplo:

"*Caso a universidade aprove e trabalhe no projeto, a parceria será firmada. Caso ela não concorde e rejeite a proposta, outra instituição será acionada*". Nesse caso, embora os verbos "aprovar" e "trabalhar" possuam o mesmo complemento ("projeto"), a regência deles não é a mesma. O mesmo ocorre com os verbos "concordar" e "rejeitar". Para resolver esse problema, podemos recorrer à seguinte estrutura: *"Caso a universidade aprove o projeto e trabalhe nele, a parceria será firmada. Caso ela não concorde com a proposta e a rejeite, outra instituição será acionada"*. Assim, mantemos os complementos dos verbos apresentados de maneira adequada ao que exige sua regência.

Outros exemplos comuns: *"Este é o projeto que o autor referiu quando apresentou seu trabalho que visa a investigação de fatores de risco associados ao comportamento suicida"*. O verbo "referir" com o sentido de "aludir; reportar-se a" exige o uso da forma pronominal "referir-se", complementada pela preposição "a". E o verbo visar, no sentido de "ter como objetivo; pretender" exige também a preposição "a". Porém, quando é seguido por um infinitivo, sua utilização é facultativa.

Dessa forma, adequando o trecho às normas de regência verbal, teríamos: *"Este é o projeto a que o autor se referiu quando apresentou seu trabalho que visa à investigação de fatores de risco associados ao comportamento suicida"*.

OUTROS DESVIOS FREQUENTES

Repetição vocabular. O nosso idioma é reconhecido como um dos mais melódicos e ricos vocabularmente no mundo. Temos uma infinidade de palavras que se harmonizam e se aproximam por sinônimos, diversificando o nosso discurso. Ainda assim, muitos escritos científicos não valorizam a pluralidade da língua. Em casos mais graves, parece haver um vício de o texto se restringir aos mesmos vocábulos.

Segue um exemplo para ilustrar o problema: *"Os testes foram aplicados em jovens de 15 a 19 anos. Os jovens, a princípio, respondiam a perguntas de 'aquecimento' sobre o tema da pesquisa. Em seguida, os jovens respondiam a perguntas sobre os comportamentos-alvo. Os resultados mostraram que 45,4% dos jovens responderam [...]"*. Esse trecho, menos incomum do que se pode imaginar, abusa da repetição vocabular. Após uma rápida revisão, ele poderia ser facilmente alterado para: *"Os testes foram aplicados em jovens de 15 a 19 anos. A princípio, os participantes respondiam a perguntas de 'aquecimento' sobre o tema da pesquisa. Em seguida, eram questionados sobre os comportamentos-alvo. Os resultados mostraram que 45,4% dos entrevistados indicaram [...]"*.

Uma boa solução é substituir o termo repetido por palavras que o retomem direta ou indiretamente. Há também a possibilidade de aglutinar as frases (p. ex., *"Os testes foram aplicados em jovens de 15 a 19 anos que, a princípio, respondiam"*), mas esta traz consigo o risco da construção de períodos longos demais. Outra solução é o uso de pronomes (p. ex., *"Os testes foram*

134 KOLLER, DE PAULA COUTO & HOHENDORFF (ORGS.)

aplicados em jovens de 15 a 19 anos. A princípio, eles respondiam"). No entanto, pronomes não são os recursos mais elegantes ou enriquecedores de vocabulário. Por isso, use-os com parcimônia.

Quando o problema da repetição se der com verbos, há a possibilidade de outra intervenção bastante eficaz: além dos sinônimos, podemos substituir o verbo por seu equivalente substantivo. Por exemplo, o trecho *"Primeiro pedíamos às crianças que construíssem uma casa com as peças de brinquedo. Depois que construíssem o solicitado, pedíamos que construíssem uma jaula"* pode ser reescrito como *"Primeiro pedíamos às crianças que construíssem uma casa com as peças de brinquedo. Depois de feita a construção, pedíamos que montassem uma jaula"*. O nosso idioma é bastante rico. Usar um mesmo recurso, ou repetir sempre a mesma palavra, pode refletir um pensamento limitado. Como afirmou certa vez o ilustre escritor português José Saramago, quanto mais palavras conhecemos e utilizamos, mais somos capazes de dizer o que sentimos ou pensamos (Lopes & Nadruz, 2002).

Em relação a este tópico de repetição vocabular, cabe uma ressalva: como afirmamos anteriormente, o gênero científico preza pela clareza das ideias. Por conta disso, nos casos em que trabalhamos com um conceito científico no texto, é necessário repetir o mesmo termo conceitual sempre que nos referirmos a ele, para não confundir os leitores (Bem, 2003). Nesses casos, repetir a mesma palavra – o mesmo conceito científico – mantém a consistência técnica do texto e evita que leitores desavisados interpretem os sinônimos diferentes utilizados como conceitos diferentes. Assim, o mais adequado parece ser parear a combinação da consistência conceitual (repetição do mesmo termo correspondente a um conceito) com a prática de explorar o vocabulário da língua portuguesa nos momentos adequados, como nos exemplos anteriores e no desvio de "queísmo", do qual trataremos a seguir.

"Queísmo". O vício conhecido popularmente como "queísmo" nada mais é do que um problema de repetição vocabular como os citados anteriormente, mas específica para a palavra multifunção "que". Na nossa gramática, além de ter função de pronome relativo, esse minivocábulo aparece em uma gama de conjunções. O problema do "queísmo" vai além da questão da repetição, pois o seu som em leitura quebra a eufonia do texto, isto é, a boa sonoridade ou "musicalidade" do escrito.

Segue um exemplo: *"Entender o que é que as crianças entendem por casamento foi a pergunta que motivou este estudo. Ainda que haja literatura vasta que trate do tema casamento, não se encontram muitas referências que trabalhem de que maneira isso afeta a forma que as crianças veem o mundo"*. Para escapar desse vício, valem as mesmas soluções discutidas para a repetição de outras palavras. Além disso, vale aqui também investigar se é possível dividir períodos longos em outros mais curtos. Em geral, essa prática elimina os "*ques*" supérfluos, além de tornar a leitura mais agradável e melhorar a compreensão do texto.

Estrangeirismos sem itálico ou aspas. Foi-se o tempo em que a produção de conhecimentos científicos relevantes se concentrava em uma única região. Diferentes países produzem academicamente, mas, para trocar suas experiências e descobertas, grande parte das vezes recorrem a uma mesma língua: o inglês. Muitas vezes isso acarreta no problema da intraduzibilidade, o maior contribuidor para o uso de importações linguísticas nos textos científicos. Afinal, de que outra forma nos referiríamos ao *bullying*, ao *priming,* ao processamento *bottom-up* ou *top-down*, ao *coping*, ao *craving* e a tantos outros se não pelos seus termos originais?

A necessidade do uso desses termos, entretanto, não exclui a existência do nosso idioma próprio. Muito menos faz com que tais termos "emprestados" do inglês percam sua característica estrangeira quando escritos em nossos artigos. Recorrer a essas palavras não é o problema. O problema é não utilizar as aspas ou o itálico (substituto que vem tomando espaço nos textos digitados) que as identifiquem como estrangeiras. Mesmo que o termo já tenha se tornado comum em seu grupo de pesquisa, enquanto ele não for aportuguesado (i.e. transformado em uma palavra do idioma português), precisa-se demonstrar que ele é ainda um "empréstimo". O cientista deve lembrar que, por mais que o *coping* já pertença à Psicologia, ele ainda não pertence à língua portuguesa.

BREVE NOTA SOBRE O ACORDO ORTOGRÁFICO

Acordo Ortográfico é um tratado assinado por países que compartilham o uso da mesma língua. Sua finalidade é padronizar as grafias e regulamentar as normas das palavras que, no processo de transformação histórica de cada região federativa, diferenciaram-se parcialmente dos vocábulos de suas compatriotas. Ao unificar a língua, o tratado internacional também fortalece os laços comerciais das comunidades envolvidas, tendo em vista a facilitação da exportação e importação de livros cuja escrita se iguala. O último assinado pelo Brasil refere-se ao Acordo Ortográfico de 1990, o qual, depois de décadas de tentativas, entrou em vigor em 2009, com prazo para o final da coexistência da grafia pré e pós-acordo firmado para o início de 2013 (Decreto Federal Nº 6.585, de 29 de setembro de 2008) e posteriormente prorrogado para janeiro de 2016 (Decreto Federal Nº 7.875, de 27 de dezembro de 2012). Essa prorrogação é, em parte, fruto dos esforços de algumas instâncias de Portugal que solicitam a revogação do Acordo.

Apesar das solicitações de revogação, a princípio o Acordo deve valer a partir de 2016. Ainda assim, como o próprio nome diz, o Acordo Ortográfico limita-se a alterações na escrita do nosso idioma em uma categoria específica: a Ortografia. Não mudam os sentidos das palavras, a organização das frases ou a forma de pronunciar acentos. Assim, para a população que tem na oralidade o porto seguro de suas profissões, pouco se altera. Entretanto, para os que trabalham diretamente com a escrita, como nós, cientistas e pesquisadores, é necessário estar atento.

A mudança mais notória de fato se refere ao uso de hífen. *Grosso modo*, com o novo acordo, são unidas duas palavras sem hífen quando a letra final de um prefixo for diferente da letra inicial da palavra seguinte. É o caso de semiárido (o "i" final de *semi* difere do "a" inicial de *árido*), de contrarreforma (o "a" final de *contra* difere do "r" de *reforma*, dobrado apenas para manter o som), de ultrassom e de eletroeletrônico. Quando se tratarem de letras iguais, o hífen servirá como elo entre as palavras, tais quais micro-ondas e inter-regional, por exemplo.

Esse tipo de regra, no entanto, sempre traz consigo algumas exceções. Se ficamos muitas vezes com uma impressão de insegurança, do tipo "uso ou não uso?", precisamos fomentar em nós mesmos um compromisso com a palavra, buscando os dicionários e as gramáticas quando necessários. Assim como fazem os advogados com seus inúmeros artigos e incisos e os profissionais da saúde com os códigos da *Classificação internacional de doenças* (CID) e do *Manual diagnóstico e estatístico de transtornos mentais* (DSM), nós, que recorremos sempre à escrita em nossa profissão, também não precisamos decorar todas as regras. Para casos específicos, o uso de um dicionário atualizado, de uma tabela de hifenização adaptada para o Acordo, ou ainda uma pesquisa em *sites* especializados são, em geral, soluções mais eficazes. Algumas opções são os próprios *sites* do governo (http://www.brasil.gov.br/navegue_por/aplicativos/reforma-ortografica) e da Academia Brasileira de Letras (http://www.academia.org.br/abl), em que constam os documentos oficiais e as alterações.

De todo modo, mudanças que podem ser garantidas com o novo acordo são: a "queda" do trema; o sumiço de acentos em vogais dobradas (p. ex., veem, creem, leem, voo, enjoo) e em ditongos paroxítonos (p. ex., ideia, assembleia, paranoico, proteico, espermatozoide); e o desaparecimento de acentos diferenciais, com em "para", que hoje serve tanto como preposição quanto como conjugação do verbo "parar". No entanto, ainda assim vale sempre a sugestão de conferir em literatura ou *sites* especializados quando houver dúvidas. Por exemplo, a regra quanto à "queda" do acento diferencial não afeta a distinção entre o verbo "pôr" e a preposição "por"; ou as formas "pôde" e "pode".

CONSIDERAÇÕES FINAIS

Parece muito a se saber, não é? Um pouco. Lembre-se de que a prática é a melhor ferramenta para transformar o complicado em simples. De certo a melhor forma de se conseguir essa façanha em se tratando da língua portuguesa é a leitura. Para escrever bem, deve-se ler sempre e escrever sempre. "Lendo o que outros cientistas escreveram, você conseguirá nutrir o seu próprio processo criativo e gerar seus próprios textos" (Trzesniak & Koller, 2009, p. 21).

Além disso, quando alguma dúvida surgir, não procure apenas no dicionário se aquela palavra se escreve com "L" ou com "U"; busque no Google ou em *sites* especializados alguém que explique a regra. Aprender é melhor do que meramente corrigir e ajuda a despertar o prazer de conhecer a nossa língua. Você perceberá que aprender seu idioma é conhecer ainda mais sua cultura e sua história.

A leitura sozinha, entretanto, não será suficiente. Revisar o próprio escrito é importante. Revisar de verdade, de ponta a ponta, do primeiro parágrafo da introdução às últimas linhas das considerações finais. Ao fazer uma revisão, provavelmente você perceberá alterações que precisam ser feitas, ou frases que não ficaram tão claras. O ideal é que essa revisão ocorra com um período de uma semana desde o momento da escrita. Isso porque, se a leitura de revisão ocorrer de forma imediata, seu pensamento ainda estará imerso demais na escrita inicial para que se notem os desvios e "vacilos" linguísticos. Ou seja, revisar vai exigir disciplina. É preciso terminar o texto com antecedência suficiente para relê-lo. Assim, desvencilhe-se do mau costume de finalizar trabalhos no limite do prazo. No Capítulo 11 deste livro, você encontrará boas indicações de manejo de tempo para auxiliar nessa tarefa.

Durante o processo de releitura, caso você "trave" em alguma frase ou surja alguma dúvida, leia-a em voz alta. Melhor ainda, reserve um tempo para reler todo o texto em voz alta. Assim, o seu ouvido também auxiliará na formulação da frase, por meio da eufonia que nos é inata. Ao ler o texto em voz alta, somos capazes de perceber quais partes da nossa escrita estão muito cansativas, quais não estão claras ou são repetitivas, e quais não soarão bem para os nossos leitores. E se, depois de exteriorizar a leitura, algum trecho lhe parecer estranho, reescreva-o. Temos o hábito de proteger as palavras que escrevemos, como se não pudéssemos escrever nada melhor. No entanto, precisamos treinar a autocrítica. A todos os escritores, é necessário aprender a abrir mão de algumas ideias e frases para que outras melhores tomem o seu lugar.

Além de todas essas sugestões, cabe ainda mais uma: peça ajuda. O processo de publicação dos textos científicos tem como uma de suas características a submissão à apreciação de outros investigadores durante o seu processo

138 KOLLER, DE PAULA COUTO & HOHENDORFF (ORGS.)

editorial – é a famosa avaliação por pares (Trzesniak & Koller, 2009). Assim, solicitar revisões preliminares pode lhe poupar um tempo precioso no futuro.

Tenha sempre a tiracolo aqueles amigos ou colegas da área que não se incomodam em ler algumas dezenas de textos sobre Psicologia ou Estatística. Ligue para aqueles parentes que são ótimos em língua portuguesa e pronunciam todos os ditongos, os "esses" dos plurais e os "erres" dos infinitivos. Não tenha vergonha de mostrar o seu texto e ouvir opiniões. É muito melhor do que confiar somente nos corretores dos programas de edição, tipo *Word* – por mais desenvolvidos que sejam, muitas vezes eles não são capazes de reconhecer o sujeito da frase ou não percebem erros relativos a palavras com grafias próximas como no momento de se utilizar "influência" ou "influencia".

São atitudes simples, mas valiosas. Se a insegurança permanecer, recorra a especialistas. Existem muitos profissionais competentes que não só corrigem o texto, mas também estão dispostos a oferecer algumas dicas para melhorar sua escrita. Com tudo isso em mente, resta-nos desejar a vocês uma boa escrita. Lembrem-se que, como bons pesquisadores e cientistas, ao apresentar um texto escrito de forma adequada, vocês estão demonstrando respeito pelos seus leitores colegas de profissão e pelo seu próprio idioma.

REFERÊNCIAS

Bakhtin, M. (2000). *Estética da criação verbal*. São Paulo: Martins Fontes.

Bem, D. J. (2003). Writing the empirical journal article. In J. M. Darley, M. P. Zanna, & H. L. Roediger III (Eds.), *The compleat academic (2ª ed.)*. Washington, DC: American Psychological Association. Retirado de http://dbem.ws/pubs.html, 15 de outubro de 2012.

Day, R. A. (2001). *Como escrever e publicar um artigo científico* (5ª ed.). São Paulo: Santos.

Granja, E. C. (1998). *Diretrizes para a elaboração de dissertações e teses*. São Paulo: Serviço de Biblioteca e Documentação do Instituto de Psicologia da Universidade de São Paulo.

Lopes, V. & Nadruz, U. (2002). Língua – Vidas em Português. [Filme-vídeo]. Portugal: Costa do Castelo Filmes.

Marcuschi, L. A. (2002). Gêneros textuais: definição e funcionalidade. In A. P. Dionísio, A. R. Machado, & M. A. Bezerra (Eds.), *Gêneros textuais e ensino* (pp. 19-36). Rio de Janeiro: Lucerna.

Trzesniak, P. & Koller, S. H. (2009). A redação científica apresentada por editores. In A. A. Z. P. Sabadini, M. I. C. Sampaio, & S. H. Koller (Eds.), *Publicar em psicologia: um enfoque para a revista científica* (pp. 19-33). São Paulo: Associação Brasileira de Editores Científicos de Psicologia/Instituto de Psicologia da Universidade de São Paulo.

parte II

Pôsteres e apresentações orais

9
Como preparar um pôster científico

Susana Núñez Rodriguez

Um pôster científico é um documento no qual se apresentam graficamente um projeto, os dados preliminares ou os resultados de uma pesquisa (Flinn, 2002). Esse tipo de apresentação combina o texto, que deve ser escrito de forma clara e concisa, com tabelas e figuras, que ajudam os leitores a compreender a informação e a se engajar no tema apresentado. Um pôster científico tem como principal finalidade atrair a atenção para o tema de pesquisa apresentado, portanto, deve ser claro, de fácil leitura, e seguir padrões de estética simples e atrativos.

As apresentações nesse formato são muito valorizadas em congressos, exposições e simpósios, pois permitem que se faça uma leitura relativamente aprofundada de um tema em função dos interesses e das expectativas de cada um. Além disso, possibilitam a interação direta com os autores do trabalho em uma conversa que pode gerar maior nível de compreensão do assunto, troca de informação e o estabelecimento de contato com pessoas que tenham os mesmos interesses de pesquisa (Graves, 2006; Morin, 1996).

Esse tipo de apresentação permite expor de maneira rápida e clara as ideias centrais de um trabalho. O formato de pôster também poderá lhe poupar o estresse que gera uma apresentação oral, servindo como material de apoio para este tipo de apresentação. Porém, é sempre importante que os autores estejam preparados para responder a quaisquer dúvidas ou comentários que os leitores tenham ao ler o seu trabalho.

Para que o pôster seja efetivo em divulgar a pesquisa, é importante que você pense na audiência de seu trabalho, o tipo de evento em que será apresentado e qual será a contribuição para o avanço do conhecimento científico (Graves, 2006). Essas questões devem ser respondidas antes de começar a construir o pôster, mas também devem estar presentes ao longo do processo, como guias para decidir desde o tipo de *layout* até os dados mais importantes a serem mostrados.

Não existem normas acadêmicas consensuais em nível nacional ou internacional para a construção de pôsteres científicos. Porém, muitas universidades, especialmente em áreas como biologia, física e medicina, dedicam espaços específicos na internet para dar algumas dicas e instruções que podem ser úteis na sua elaboração (ver o item "*Softwares* para construir pôsteres científicos"). Assim, o objetivo deste capítulo é oferecer um guia para a elaboração de pôsteres científicos na área da psicologia, que sirva de auxílio para estudantes de graduação e de pós-graduação. A seguir, serão descritos os passos necessários para construir um pôster, as partes que o compõem e alguns *softwares* que podem ser úteis na sua construção.

PLANEJAMENTO DE UM PÔSTER CIENTÍFICO

O primeiro passo será verificar as dimensões do pôster requeridas pelo congresso (ou qualquer outro tipo de evento) no qual você apresentará o seu trabalho. Muitos congressos têm essa informação disponível na sua página *web*; porém, caso ela não esteja disponível, é possível contatar o comitê organizador para certificar-se sobre qual o tamanho e o formato adequado para o local de exposição. Alguns eventos exigem um formato específico (vertical ou horizontal), que depende do espaço disponível e do número de pôsteres a serem apresentados.

Em algumas conferências internacionais já está sendo utilizado o formato de pôster eletrônico, no qual os trabalhos ficam disponíveis em computadores para serem acessados durante todo o evento. Utilizando esse formato, também é possível habilitar um espaço para comentários dos visitantes, o que permite à plateia "conversar" com os autores em qualquer momento, e não somente naquele que é determinado pelo congresso (Marshall, 2010). No caso dos pôsteres eletrônicos, também há regras estabelecidas pela organização dos eventos que devem ser estritamente seguidas (p. ex., número de *slides*, tipo e tamanho de fonte).

O segundo passo é estar atento ao tipo de audiência para a qual o pôster se destinará. Se sua audiência é composta por pesquisadores da sua área, a linguagem poderá ser mais refinada e específica. Porém, se o trabalho for exposto para estudantes de graduação, a linguagem poderá ser mais simples e menos especializada (Medina, 2008). No caso de o público-alvo ser composto por trabalhadores ou pesquisadores de outras áreas, o foco da apresentação também poderá mudar para ser mais interessante e útil ao ouvinte.

O último passo consiste em fazer um esboço do que se pretende expor no pôster. Em uma folha de papel, estruture os principais pontos a serem tratados, tendo em mente que o mais importante sempre é a simplicidade (Figura 9.1). Os pôsteres devem ser simples e claros, não se trata de colocar neles todos os resultados de um trabalho de pesquisa, mas os principais, aqueles que revelam a sua importância.

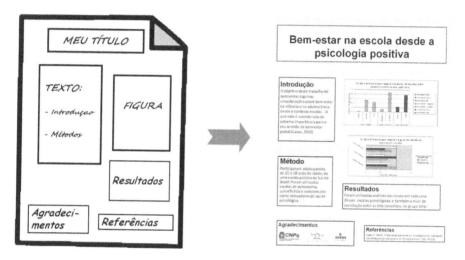

FIGURA 9.1
Transformação de um esboço gráfico de artigo em pôster científico.

CONSTRUÇÃO DE UM PÔSTER CIENTÍFICO

Para transformar o esboço inicial em um pôster científico simples e atrativo para seus leitores, há algumas dicas a serem seguidas:

1. Deixe espaços livres entre os quadros de texto. Marcar o fim de uma parte (como a introdução) e o início de outra (como o método) deixa o texto mais fluido e os leitores mais livres para não se prender à estrutura e seguir a leitura da parte que desejar (Graves, 2006).

2. O texto deverá estar alinhado e sua disposição dentro do quadro de texto (justificada ou centralizada) deverá permanecer a mesma ao longo da apresentação.
3. As figuras e tabelas devem aparecer de forma simples e clara, de maneira que facilite a compreensão dos leitores e justifique sua inclusão no texto.

PARTES DE UM PÔSTER CIENTÍFICO

Título. Deve descrever o foco do trabalho em um espaço máximo de duas linhas e ser atrativo e objetivo para captar a atenção dos leitores. Deve-se evitar o uso de abreviações, siglas, assim como o uso de gírias ou expressões coloquiais. Logo abaixo do título aparecem os nomes dos autores e a sua afiliação (p. ex., universidade à qual pertencem), usando, nesse caso, um tamanho de letra menor ao usado no título. Títulos devem manter sempre as normas de publicação da American Psychological Association (APA, 2012), ou seja, devem ter até 12 palavras, devem ser escritos em letras maiúsculas e minúsculas (i.e., a primeira letra de cada palavra deve ser escrita com letra maiúscula e as demais, com letra minúscula), centralizados e posicionados na parte superior do pôster.

Introdução. Em um pôster científico, não é necessário colocar o resumo, já que o pôster é uma versão gráfica do que já foi submetido para apreciação do congresso e deve estar publicado nos anais. A introdução serve como uma chamada para despertar o interesse de seus leitores sobre o tema de sua pesquisa, apresentando, por exemplo, uma questão, uma imagem ou dados e os objetivos que destaquem o aspecto central do trabalho. Por exemplo, podem ser usadas imagens de locais de atendimento, desde que não sejam identificados os participantes ou os nomes do local, para evitar qualquer tipo de constrangimento na hora de expor os resultados. Como menciona Medina (2008), a extensão dessa introdução deve estar em torno de 200 palavras, deixando detalhes da pesquisa para serem expostos depois.

Método. Essa seção apresenta a singularidade do seu trabalho. Aqui deverão estar incluídos os passos de coleta, as características dos participantes, os instrumentos utilizados e os procedimentos adotados na coleta e análise dos dados. Nessa parte, muitos autores optam por usar diagramas, fluxogramas, tabelas e figuras para evitar um efeito carregado com tanto texto (Domínguez, 2008). Uma dica é utilizar margens para todos os textos e as figuras, o que permite ter uma imagem limpa e clara dos diferentes tópicos.

Resultados. Aqui os autores apresentam a contribuição da sua pesquisa para o avanço do conhecimento na área. Os resultados devem responder, na primeira, linha ao objetivo proposto e às hipóteses (caso seja uma pesquisa quantitativa), ou às perguntas de pesquisa (caso seja uma pesquisa qualitativa).

Sempre que puder, opte por usar tabelas ou figuras, mas todas elas devem ter seus respectivos títulos e legendas explicativas. As tabelas e figuras devem ser complementares ao texto, ou seja, se você já descreveu algo, não é necessário usar uma tabela ou figura para repetir a mesma ideia, porém, os dados expostos podem ser aprofundados na descrição dos resultados. Ainda a respeito das tabelas e figuras, é preciso utilizar um *software* adequado para que as imagens possam ser apreciadas com boa resolução quando forem impressas em uma versão maior. Uma dica é utilizar as figuras no formato *.jpg e as tabelas no formato *.png, e evitar uma resolução menor do que 150 dpi (Graves, 2006).

Conclusões. Dado o espaço limitado que se tem disponível em um pôster, é necessário também ser parcimonioso na discussão dos resultados. Deve ser dada atenção para a relevância dos seus achados, descobertas, aplicações e implicações para futuras pesquisas. Nas conclusões, é importante enfatizar os achados mais relevantes, para os quais poderiam ser usados marcadores que ajudem a organizar os tópicos por ordem de importância.

Referências e agradecimentos. As referencias devem ser utilizadas com parcimônia na elaboração de um pôster, já que todas elas devem estar devidamente citadas ao final do trabalho, seguindo as normas requeridas pelo evento. Os agradecimentos dos autores para com as instituições que apoiaram a pesquisa, seja com contribuições acadêmicas ou financeiras, devem ser apresentados na parte inferior ou no cabeçalho com os respectivos logos de cada instituição (Miller & Weaver, 2000).

Informação de contato. Além de ter o nome e as afiliações dos autores da pesquisa agrupados logo após o título, é necessário disponibilizar os dados de contato de um dos autores ao final do pôster. Esses dados devem incluir o endereço profissional, telefone e *e-mail*, uma vez que é a partir dessas informações que outros pesquisadores ou estudantes poderão entrar em contato e construir, assim, novas parcerias de pesquisa.

Para isso, é interessante que o profissional tenha preparado cartões de visita com os seus dados e os da instituição à qual pertence. É possível, também, disponibilizar ao público uma versão impressa em papel do seu material no formato de "minipôster", isto é, uma versão que contenha a mesma informação da versão real, além de dados de contato via *e-mail* para futuras trocas de informação.

Na Figura 9.2, é possível observar como podem estar distribuídas as partes de um pôster em um exemplo de tamanho real, projetado em formato vertical. Observe que cada uma das seções (objetivos, método, resultados, conclusões e as referências e agradecimentos) está colocada em destaque, como subtítulos.

The interplay between self-believes and coping strategies in social vulnerable adolescents

Núñez, Susana[1], Loos, Helga[2] & Koller, Sílvia[1]
1 Universidade Federal do Rio Grande do Sul, 2 Universidade Federal do Paraná

Aim:
The purpose of this research was to analyze the interplay between self-beliefs and the strategies used to cope with risky situations. We hypothesized that self-believes were a base to (1) the evaluation of the risk involve in the situation, (2) choose a certain coping strategy over another, and (3) evaluate the followed conduct in terms of feed-back to review self-believes.

Method:
Sample included 25 male adolescents aged from 15 to 18 years old, sheltered in a NGO in Paraná, Brazil. Participants answered the Rosenberg Self-Esteem Scale, the Piers-Harris Self-Concept Scale, the Bandura Self-Efficacy Scale for Children and Adolescents, and a semi-structured interview that assessed the process of coping with adversity. The instruments were applied individually and the analysis comprehended descriptive statistics of the whole group scores, and 8 case studies which included qualitative data of the interview.

There were significant positive correlation between dimension of happiness ($r=.84$) and social self-efficacy believes. And a negative correlation between dimensions of behavior ($r=-.09$) and self-efficacy believes to regulate their own conduct.

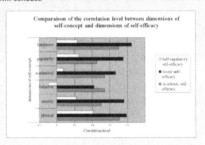

Results:
The group shared high scores on the three scales, accounting for a middle self-esteem ($M=28,8$), positive self-concept ($M=51,28$), and high self-efficacy ($M=122,12$).

Findings in the case studies allow discussing the possibility that adolescents with unstable self-esteem use more aggressive coping strategies (aggressive action, $n=2$) than the ones with more stable self-esteem (avoidance, seeking for emotional and instrumental social support, $n=3$).

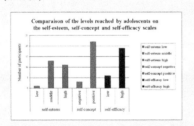

Scores on the self-concept scale were high in the happiness and in the anxiety dimension. In the self-efficacy scale, scores were particularly low scores in self-regulation dimension.

Conclusion and points for discussion:

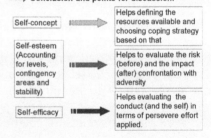

 12th European Congress of Psychology

Contact Information:
susana.nunez@gmail.com

FIGURA 9.2
Exemplo das seções de um pôster científico.
Fonte: "The interplay between self-believes and coping strategies in social vulnerable adolescents" por S. Núñez, H. Loos & S. Koller, (2011). 12th European Congress of Psychology, Istanbul.

ASPECTOS GRÁFICOS DE UM PÔSTER CIENTÍFICO

Ao começar a elaboração do seu pôster, é importante considerar o tipo e o tamanho da fonte a ser utilizada. Podem ser escolhidas até duas fontes para construir o seu pôster, levando em consideração que devem ser adequadas para a leitura de textos a distância, e que deverão permanecer as mesmas ao longo do texto em geral. É possível que a fonte varie para os títulos e subtítulos para se destacar do resto do texto, porém, mantendo sempre o mesmo tamanho e estilo em todos os subtítulos (Guardiola, 2002; Medina, 2008).

Tem de ser possível ler todo o conteúdo a partir de uma distância de um a dois metros, incluindo os textos das figuras, já que essa é a distância entre os leitores e o pôster na maioria dos eventos. Levando em consideração essa distância, o formato de fonte ideal para esse tipo de apresentação seria o *sans serif*, utilizado em fontes como Arial, Helvetica, Gil Sans. Não é recomendável o uso da fonte Times New Roman, que é legível somente à curta distância, como quando é feita a leitura no papel (Guardiola, 2002; Woolsey, 1989).

A Figura 9.3 descreve o tamanho da fonte indicada para cada parte do pôster, o qual pode variar de acordo com o seu tamanho, a quantidade de conteúdo e a fonte utilizada.

Também é importante considerar a gama de cores com as quais o trabalho será apresentado. Lembre-se que o objetivo do pôster é ser atrativo e chamar a atenção pelo tema que é apresentado. Desse modo, é necessário ser parcimonioso na escolha das cores, pois o que deve receber destaque é o conteúdo, sendo que a forma e as cores devem servir para ressaltar a apresentação do mesmo. Alguns autores recomendam o uso de cores claras para o fundo, sobre o qual se destaquem cores mais fortes, uma vez que o contrário, letras claras sobre um fundo de cor escura, dificulta a leitura (Fisher & Zigmond, 1999; Guardiola, 2002). Deve-se evitar o uso de mais de três cores em um mesmo pôster e tomar cuidado para que os contrastes dessas cores sejam harmoniosos. Uma sugestão é utilizar vários tons da mesma cor nas diferentes partes do texto, o que evita contrastes chocantes.

O fundo do pôster deve ser suave, pois o que é relevante mostrar é o texto, as figuras e as tabelas que compõem o seu trabalho. Assim, é preferível usar fundos de cor inteira, sem acrescentar imagens, já que elas podem distrair a atenção e dificultar a leitura do texto (Figuras 9.5, 9.6, 9.7 e 9.8). Ainda assim, algumas imagens podem ser utilizadas para deixar o pôster mais atrativo, mas, nesse caso, elas poderão ser colocadas nas margens, ao lado do título, ou na parte inferior da apresentação. Entretanto, leve sempre em consideração que essas imagens devem ser consonantes com o tema exposto, e que não devem atrapalhar a leitura do texto.

Os leitores, em geral, se aproximam de um texto desde o extremo superior esquerdo, seguindo a direção das colunas e terminando no extremo infe-

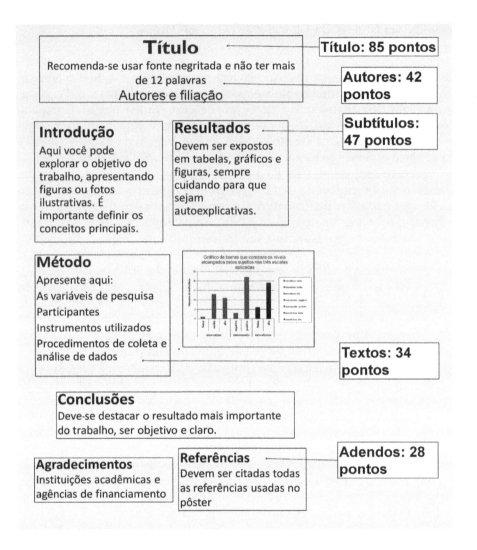

FIGURA 9.3
O tamanho da fonte para cada parte do pôster.

rior direito (Graves, 2006). Por isso, é recomendável seguir essa mesma ordem (i.e., de cima para baixo e da esquerda para a direita) ao configurar seu pôster, quer ele esteja no formato vertical ou horizontal (Figura 9.4).

Além de estar atento para o aspecto gráfico, é necessário que você verifique a boa distribuição e a organização do texto ao longo do seu pôster. Um

MANUAL DE PRODUÇÃO CIENTÍFICA 149

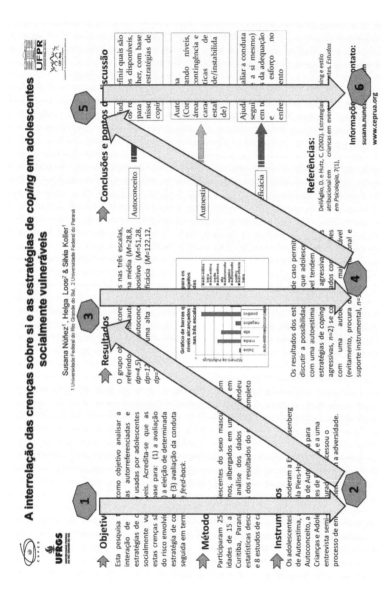

FIGURA 9.4
Ordem de leitura de um texto exposto no formato horizontal.
Fonte: "A interação entre crenças autorreferenciadas e estratégias de coping em adolescentes socialmente vulneráveis" por S. Núñez, H. Loos & S. Koller, (2011). 12th European Congress of Psychology, Istanbul.

pôster é um exercício de síntese, no qual os autores precisam resumir todo o trabalho de pesquisa, deixar de lado alguns de seus resultados para incluir somente os mais relevantes, que permitam aos leitores entender a proposta do estudo e colocar em pauta os novos achados. Considera-se que um pôster de tamanho adequado seja aquele que não contém mais de 800 palavras, distribuídas em blocos de 7 a 11 linhas para cada uma das partes do pôster apresentadas anteriormente (Medina, 2008).

O texto deve estar escrito de forma clara e direta, usando frases curtas, que permitam aos leitores seguirem facilmente a sua direção. Dado que algumas partes do texto podem ser mais longas que outras, uma sugestão seria colocá-las dentro de uma caixa de texto em separado, o que dá ao pôster uma aparência mais limpa e organizada e facilita a sua leitura (Figuras 9.1 e 9.3). As referências, anexos e informação de contato podem ser colocadas em um tamanho que não seja legível à longa distância, para não distrair a atenção do texto principal, mas podem ser ampliados na versão impressa para os leitores.

SOFTWARES PARA CONSTRUIR PÔSTERES CIENTÍFICOS

Existem diversos tipos de *softwares* que podem ser utilizados na construção de pôsteres; contudo, a maioria dos autores ainda escolhe o Powerpoint da Microsoft. Esse programa é útil e de fácil manejo, permitindo que você escolha o tamanho final e o formato de interesse. Nas suas versões mais recentes, o programa permite importar figuras e textos de outros (como tabelas do Excel ou do SPSS). Além disso, o Powerpoint gera um perfil em branco para impressão que não alcança as margens da folha, assim, o *design* pode ser criado já no tamanho em que será impresso. No entanto, é aconselhável deixar uma margem maior para garantir um bom enquadramento final do texto (García & Domínguez, 2004).

O Photoshop é um programa desenvolvido especialmente para edição de imagens e frequentemente utilizado na área da comunicação; porém, não foi desenvolvido para diagramação, o que dificulta sua utilização na construção de pôsteres, mas não a torna impossível. Esse programa permite trabalhar com imagens cujos efeitos de cor ou profundidade precisam ser destacados, os títulos ou cabeçalhos também podem ser trabalhados e logo exportados para o Powerpoint nesse mesmo formato (García & Domínguez, 2004). Contudo, o manejo de textos é limitado e muitas aplicações e modificações terão de ser feitas com outros programas mais específicos como Adobe Illustrator ou InDesign, ambos da plataforma Adobe.

Os programas para desenho de páginas em grande escala, como InDesign ou Illustrator, permitem o controle de ajuste de texto, entre blocos de texto associados, sendo o primeiro um programa especialmente desenvolvido para trabalhar diagramação e o segundo, para trabalhar vetores (i.e., desenhos e textos). O CorelDRAW é um *software* mais simples que foi desenvolvido para trabalhar com desenhos, diagramação e ilustrações. Propõe um aprendizado mais intuitivo e mantém as mesmas vantagens do Illustrator e do InDesign para a construção de pôsteres.

Recentemente foi lançado um programa especificamente desenvolvido por físicos e *designers* gráficos para a construção de pôsteres científicos, o PosterGenius, que é pago, com formato adaptável que pode ser usado também em psicologia e em ciências humanas. Esse *software* permite separar a formatação do conteúdo da parte gráfica, colocando, primeiro, toda a informação que os autores considerem importantes em seções previamente definidas (p. ex., título, introdução/objetivo, método, resultados, conclusões e referências). Em seguida, podem ser trabalhadas as questões gráficas, escolhendo o fundo e estabelecendo as características de cor e formato da fonte. O próprio programa apresenta várias opções de fundo, cor e *layout*, mas também é possível criar o próprio *layout*.

Uma das vantagens de utilizar esse *software* é que o tamanho da fonte é preestabelecido pelo programa a partir da distância entre o pôster e os leitores. Além disso, o programa proporciona uma estrutura já definida de colunas na qual vão se encaixando os blocos de texto e as figuras, o que facilita o trabalho de diagramação. O programa também transforma automaticamente o pôster em versão folheto (i.e., minipôster), ajustando o tamanho da letra e das figuras, deixando-o pronto para ser impresso e entregue aos leitores interessados. Contudo, dado que o programa foi criado recentemente, é mais difícil importar textos e figuras trabalhados em outros programas, com formatos diferentes.

Por outro lado, também existem outras ferramentas disponíveis por meio de páginas da internet nas quais as pessoas, que geralmente têm interesse de pesquisa em comum, compartilham seus pôsteres para receber ou dar contribuições. No *site* Pimp my poster (http://www.flickr.com/groups/pimpmyposter), os autores podem receber observações e contribuições dos colegas com notas feitas no formato de *post-it.* Nesse *site* os pôsteres são expostos antes da sua apresentação, portanto devem estar elaborados de acordo com as normas de apresentação estabelecidas pela organização do evento para evitar contradições nas sugestões dos apreciadores. Há também *sites* desenvolvidos para publicação de pôsteres após sua apresentação nos eventos, cujo objetivo é servir como um depósito de resumos em formato gráfico, para compartilhar com colegas a informação apresentada. Dentro desse conjunto encontra-se o Faculty1000 (http://f1000.com/posters), que é um espaço aberto para a publicação de pôsteres de biologia e medicina (Graves, 2006).

Com o objetivo de aplicar o que foi discutido até aqui, a seguir são apresentados exemplos de um mesmo pôster que foi editado várias vezes. Desse modo, podem ser avaliadas as suas características positivas e negativas. Veja que no primeiro pôster (Figura 9.5) as letras claras sobre um fundo preto dificultam a leitura do texto, especialmente na parte das tabelas que não são legíveis. O título descentralizado pode ser uma boa alternativa para chamar a atenção dos leitores, pois ele fica destacado do resto do texto. Porém, é preciso ter cuidado para que o restante do texto siga uma mesma linha de leitura, como foi mencionado anteriormente, caso contrário o título pode incrementar a confusão visual. Também é preciso ter cuidado em relação à distribuição dos logos das entidades de filiação, para que não fiquem isolados do resto do texto.

Observe que, no segundo pôster (Figura 9.6), o contraste de cores dificulta a leitura, especialmente na parte das tabelas, pois esse destaque não permite a leitura completa dos dados apresentados.

Já no terceiro exemplo (Figura 9.7), o fundo escolhido não permite a visualização clara do texto e das tabelas; além disso, é importante colocar um fundo que não seja contraditório com o tema que está sendo apresentado.

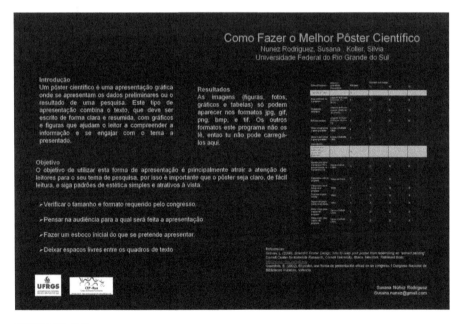

FIGURA 9.5
Pôster com letras claras sobre fundo escuro.*

---

* As Figuras 9.5 a 9.8 podem ser vistas em cores no *site* da Editora. Acesse www.grupoa.com.br, busque o livro pelo nome dos organizadores ou pelo título e clique em Material complementar.

MANUAL DE PRODUÇÃO CIENTÍFICA

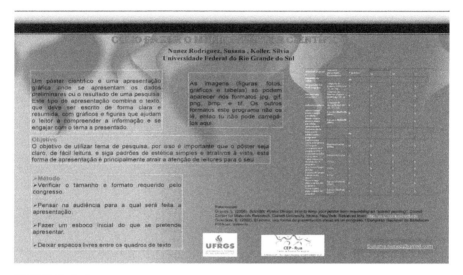

FIGURA 9.6
Pôster com cores de fundo chocantes.

FIGURA 9.7
Pôster com uma imagem de fundo.

Finalmente, o último exemplo (Figura 9.8) apresenta uma versão do mesmo pôster com uma escolha parcimoniosa das cores e do fundo, enquadramento dos textos e tamanho adequado das letras para a leitura a distân-

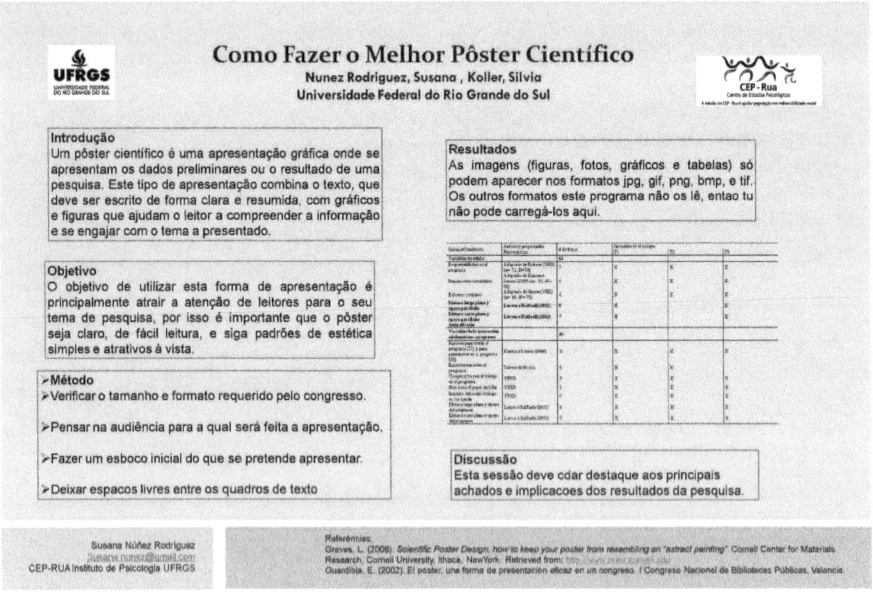

FIGURA 9.8
Pôster com enquadramento e fundo adequados para leitura na horizontal.

cia. Porém, sempre é possível realizar novas mudanças a fim de apresentar um trabalho que se destaque pelo conteúdo e pela criatividade de seus autores.

MAIS ALGUMAS DICAS...

O objetivo deste capítulo foi apresentar dicas para a construção de pôsteres científicos que permitam expor resultados de pesquisas ou projetos científicos de maneira clara e atrativa para um público de leitores interessados. Para que esse tipo de apresentação seja eficaz, é necessário ter cuidado na escolha da forma a fim de destacar o conteúdo e seguir sempre a regra de ouro: a simplicidade.

Porém, ainda falta um consenso na área acadêmica de normas que guiem a produção, publicação e avaliação de pôsteres científicos. Em congressos ao redor do mundo, a apresentação de pôster é um momento de alto prestigio, em que tanto estudantes nos anos iniciais como professores com anos de pesquisa têm a oportunidade de apreciar novos trabalhos e compartilhar suas mais recentes descobertas e avanços científicos. No entanto, a falta de organização em alguns eventos e de parâmetros que guiem a construção de pôsteres acabam dificultando a apreciação dos trabalhos e fazendo com que esse tipo de apresentação acabe sendo desvalorizada. Assim, alguns pesquisadores preferem realizar apresentações orais, mesmo que isso signifique que possivelmente menos pessoas possam efetivamente apreciar o seu trabalho.

Contudo, ainda há muito por explorar em termos de utilização de *softwares*, internet e outros meios de publicação e de como fazer a interação entre os autores e os leitores ser mais ágil e eficaz. Também é necessário deixar um espaço para a criatividade dos autores. Um jogo de palavras no título, um conjunto de cores ou imagens relacionadas com o tema de pesquisa, ou dar destaque aos quadros de texto mais importantes podem ser ideias iniciais para construir um pôster mais interativo. A criatividade em um pôster pode sempre despertar curiosidade de leitores que inicialmente poderiam estar pouco interessados, porém, ainda mais importante é ter um autor preparado para responder às possíveis dúvidas e comentários da audiência.

Para preparar uma boa apresentação oral do seu pôster, faça um treino com alguns colegas, se possível, e tente não se alongar em detalhes, mas explicar claramente os resultados ou conceitos mais importantes do trabalho. Tenha em mente algumas das possíveis perguntas que podem aparecer e o modo mais simples e eficaz de explicá-las. É sempre importante respeitar as normas do congresso quanto ao tamanho limite do pôster, pois se este for muito grande pode atrapalhar a apresentação de outros pesquisadores. Chegue cedo, fique bem disposto e responda sem sobrecarregar a sua audiência. O público agradece!

REFERÊNCIAS

American Psychological Association (2012). *Manual de publicação da APA*. (6. ed.). Porto Alegre: Penso.

Domínguez, J. M. (2008). *Los pósteres científicos: Guía para su elaboración*. Recuperado de http://www.slideshare.net/fmedin1/cmo-elaborar-un-pster-cientfico

Fisher, B. A. & Zigmond, M. J. (1999). *Attending professional meetings successfully*. Pittsburgh: University of Pittsburgh.

Flinn, C. (2002). *Developing a poster presentation in the social sciences*. George Mason University Writing Center. Recuperado de http://writingcenter.gmu.edu/resources/sossicencesposter

García, N. L. & Domínguez, L. B. (2004). ¿Cómo hacer un póster? *Revista Electrónica de Medicina Intensiva, 4* (4). Recuperado de http://remi.uninet.edu/2004/04/REMIA016.htm

Graves, L. (2006). *Scientific poster design, how to keep your poster from resembling an "abstract painting"*. Cornell Center for Materials Research, Cornell University, Ithaca, NewYork. Retrieved from http://www.ccmr.cornell.edu

Guardiola, E. (2002). *El póster, una forma de presentación eficaz en un congreso.* I Congreso Nacional de Bibliotecas Públicas, Valencia, Espanha.

Medina, J. (2008). *Los pósteres científicos: Guía rápida para su elaboración.* Recuperado de http://www.slideshare.net/fmedin1/cmo-elaborar-un-pster-cientfico

Miller L. & Weaver, A. (2000). *Expanded guidelines for giving a poster presentation.* American Society of Primatologists. Recuperado de http://www.asp.org/education/howto_onPosters.html

Morin, K. H., (1996). Poster presentation: Getting your point across. *The American Journal for Maternal Child Nursing, 21*, 307-310.

Núñez, S. I., Loos, H., & Koller, S. H. (2011). *A interação entre crenças autorreferenciadas e estratégias de coping em adolescentes socialmente vulneráveis* (pp. 110-11). 12th European Congress of Psychology, Istanbul.

Pérez, E. F. (2000). El microcartel, una herramienta eficaz para la comunicación científica. *ACIMED (online), 8*(3), 208- 215. Recuperado de http://scielo.sld.cu/scielo.php?script=sci_is oref&pid=S102494352000000300006&lng=es&tlng=es

Woolsey, J. D. (1989). Combating poster fatigue: How to use visual grammar and analysis to effect better visual communications. *Trends in Neuroscience, 12*(9), 325-332.

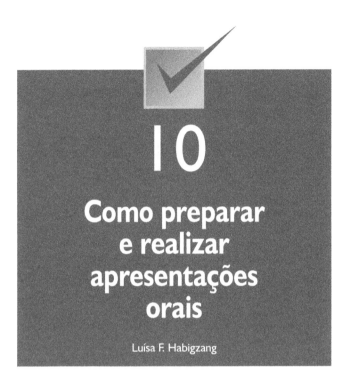

10
Como preparar e realizar apresentações orais

Luísa F. Habigzang

Este capítulo oferece sugestões para preparar e qualificar apresentações orais de estudos científicos. Uma apresentação oral pode ser definida como uma explanação breve de um tópico específico para um grupo de ouvintes, com objetivo de transmitir conhecimentos ou estimular uma discussão (Peoples, 2001).

A produção científica pode ser disseminada de diferentes formas e as apresentações orais representam uma estratégia para compartilhar resultados de estudos e interagir com grupos de pares ou com a comunidade geral. Assim como a capacidade de escrever de forma efetiva é importante para a divulgação dos resultados de pesquisas científicas, a habilidade de comunicá-los oralmente também o é (Hemphill, 2009). Porém, a comunicação oral é diferente da comunicação escrita, uma vez que o público ouvirá a explanação apenas uma vez, enquanto os leitores poderão reler o artigo quantas vezes forem necessárias para compreendê-lo. Dessa forma, a comunicação oral deve ser clara, objetiva e simples. Além disso, a apresentação oral não deve ter como objetivo substituir a leitura do artigo, mas incitar o público a ler e conhecer aprofundadamente o estudo realizado (Hill, 1997). A apresentação oral do trabalho pode ser um "cartão de visitas", promovendo convites para palestras, cursos ou conferências em eventos científicos, abrindo portas e ampliando a rede de contatos profissionais.

ESTRUTURA DA APRESENTAÇÃO

As apresentações orais são constituídas por três partes fundamentais: introdução, corpo e conclusão. A introdução deve ser breve e situar o público quanto ao tema que será apresentado. Ela é necessária para a construção do relacionamento entre quem apresenta e quem assiste, além de poder funcionar como um fator de motivação para conquistar a atenção e o interesse dos ouvintes. Deve abranger os seguintes aspectos: quem é o(a) apresentador(a) do trabalho, seu nome, sua instituição de origem, suas qualificações para falar sobre o assunto (com o cuidado de não ser arrogante e intimidar os ouvintes); o tipo de apresentação que será feita; o tema e as principais ideias que serão apresentadas (a organização de um roteiro é recomendável; Hemphill, 2009). Tal roteiro pode estar presente em um dos *slides* iniciais.

O corpo da apresentação é a parte mais importante. As hipóteses, os métodos e os resultados do trabalho devem ser expostos, explicados e defendidos nessa etapa. A especificação do método é necessária para que se compreenda como os dados foram coletados e analisados. Os resultados representam a principal contribuição do estudo para o avanço do conhecimento e devem ser apresentados de forma clara, objetiva, e articulada com as hipóteses iniciais do estudo, indicando quais foram confirmadas ou refutadas. A utilização de exemplos para facilitar a compreensão do público, como figuras e tabelas, esclarece a explanação (Hemphill, 2009).

A conclusão da apresentação deve ser bem planejada e pode incluir quatro pontos: resumo, resposta emocional, recomendações e mensagem final (Hemphill, 2009). O resumo deve retomar o que realmente foi importante sobre as informações transmitidas. É sugerido utilizar as mesmas palavras incluídas no corpo da apresentação, potencializando a compreensão clara da mensagem transmitida ao público. A resposta emocional refere-se ao "apelo" para despertar a reação do público quando o objetivo da apresentação é sensibilizar ou promover a conscientização dos ouvintes para um problema específico (p. ex., em um estudo sobre violência, pode-se chamar a atenção sobre a importância dos resultados para subsidiar políticas públicas efetivas para o problema). As recomendações incluem sugestões de ações para o público, ou seja, como a audiência pode incorporar na sua prática profissional o conhecimento produzido ou desenvolver estudos complementares que ampliem o corpo de conhecimento já existente. Os apresentadores devem esclarecer aquilo que se espera a partir do conhecimento compartilhado, tal como uso das informações em políticas públicas, em práticas baseadas em evidências, em planos de intervenção ou em pesquisas futuras. Por fim, a mensagem final refere-se a uma declaração objetiva com uma conotação positiva. A mensagem final deve destacar o "peixe vendido", ou seja, a principal contribuição teórica, metodológica ou prática do estudo apresentado que pode representar um avanço para ciência e melhoria da qualidade de vida das pessoas (Hemphill, 2009; Hill, 1997).

As partes que constituem a apresentação devem ser organizadas de acordo com o tempo disponibilizado. Esse é um ponto importante que deve ser respeitado em consideração ao público e aos demais apresentadores, uma vez que não se deve utilizar o tempo deles. Em geral, as apresentações orais são realizadas em 20 minutos. Hill (1997) sugeriu que os cinco primeiros minutos sejam destinados à introdução, ou seja, pode-se fazer uma apresentação pessoal do(a) apresentador(a) e do tema que será abordado. Os próximos dez minutos devem ser utilizados para a apresentação do método e dos principais resultados. Os últimos cinco minutos devem ser empregados para as conclusões e mensagem final da apresentação. Deve-se estimar um minuto para apresentação e discussão de cada *slide* e, por essa razão, o número de minutos da apresentação pode ser o indicador do número de *slides* que ela deve conter. Além disso, é importante reservar tempo para que o público possa fazer perguntas e comentários.

PLANEJAMENTO DA APRESENTAÇÃO

As apresentações orais podem partir de quatro métodos, de acordo com Hemphill (2009): de leitura, de memorização, do improviso e do preparo com antecedência. O primeiro método, de leitura, consiste em ler anotações ou conteúdo dos *slides*, fixando-se no texto e não no público. Esse método pode sugerir insegurança e despreparo do(a) apresentador(a) e em geral é criticado pelas plateias.

O segundo método, de memorização, refere-se ao procedimento de decorar a fala e pode ser arriscado, pois em função de ansiedade ou qualquer falha de memória a apresentação pode ficar comprometida. Também é criticado, especialmente por dar a impressão de que não está realmente comunicando-se com o público e apenas repetindo, sem assertividade e apropriação, um conteúdo dominado apenas pela memorização automática. O terceiro método, do improviso, demonstra desconsideração com o público e a apresentação pode ficar confusa, pois não há um planejamento.

Por fim, o método do preparo com antecedência, que deveria ser o mais usado, consiste em planejar e organizar a apresentação, de modo que o seu conteúdo não seja lido, tampouco as ideias sejam "despejadas" ou meramente decoradas. Ao utilizar esse método, os apresentadores demonstram fluidez, assertividade, domínio sobre o tema e, portanto, respeito com o público. Seu uso envolve esforço significativo, mas garante qualidade da apresentação e maior chance de o público permanecer atento. Nesse método, o planejamento detalhado da apresentação ocorre do início ao fim e inclui estudar os tópicos que possam representar as lacunas no conhecimento dos apresentadores. É recomendável o uso de alguns *slides* que sirvam de pistas para a memória, contribuindo para manter a apresentação em uma linha contínua e precisa (Hemphill, 2009). No entanto, atente para o fato de que o conteúdo do *slide* deve ser objetivo e pontual. Não é a leitura dele que fará a apresentação compreensível e atrativa. Os *slides* são a "pista" dos apresentadores, para que possam dar esclarecimentos, mostrar dados mais complexos, tabelas, figuras e se lembrar de possíveis conteúdos importantes.

A preparação da apresentação deve considerar os seguintes aspectos (Hemphill, 2009):

1. Nível de conhecimento e interesses do público acerca do tema.
2. Conhecimento dos próprios apresentadores sobre o tema, reconhecendo lacunas para que seja possível que se prepararem de forma adequada para a apresentação.
3. Uso adequado do tempo, respeitando os limites estabelecidos. Por essa razão, é necessário estabelecer quais são as principais informações que devem ser transmitidas. A estratégia mais eficaz para qualificar a apresentação e realizá-la no tempo disponível é o ensaio. Os ensaios devem ser realizados repetidas vezes para revisões do conteúdo e do tempo. Para tal, vale cronometrar apresentação e contar com a ajuda de colegas que possam dar um *feedback* sobre ela. Também é válido gravar e/ou filmar os ensaios para posterior análise e qualificação.
4. O cuidado com a aparência pessoal e higiene é fundamental. A aparência descuidada pode afetar a credibilidade. Nesse sentido, roupas informais são inadequadas para uma apresentação formal.

A utilização de recursos visuais no preparo da apresentação é um elemento importante (Hemphill, 2009). Deve-se ter cuidado para preparar *slides* com fonte grande (44pt para títulos e 24pt para o corpo do texto), do tipo *sans serif* (p. ex., Arial, Verdana), de cores escuras sob fundo claro, com pouco conteúdo (poucas frases ou palavras e não parágrafos inteiros de textos recortados e colados do *Word*) e sem erros ortográficos e gramaticais. Um recurso recente que vem sendo utilizado na elaboração de apresentações é o *software* Prezi (http://prezi.com/). Trata-se de uma ferramenta útil que possibilita estruturar apresentações mais dinâmicas e com fácil uso de mídias (p. ex., som e vídeo).

A simplicidade é o principal aliado para bons recursos visuais. Animações e ilustrações são bem-vindas quando não em excesso. Nesse contexto, o uso de efeitos de som em *slides* não é recomendável. O conteúdo dos *slides* não deve "competir" com o conteúdo da fala dos apresentadores, mas ser uma complementação para que não percam a sua linha de raciocínio (Grobman,

2003-2008). A Figura 10.1 apresenta exemplo de um bom *slide*, enquanto a Figura 10.2 apresenta o mesmo conteúdo, mas de forma contraindicada.

Antes da apresentação é recomendável estar no local com antecedência para testar os recursos visuais, bem como os equipamentos audiovisuais que serão utilizados (Grobman, 2003-2008). Outra dica é ter a apresentação em diferentes *pen drives* e tê-la disponível *online*. Além disso, é sugerido ter os *slides* impressos, caso ocorram imprevistos com os equipamentos audiovisuais.

Violência sexual (VS)

✓ Problema de saúde pública
✓ Impacto negativo para o desenvolvimento psicossocial de crianças e adolescentes
✓ Intervenções WHO e ISPCAN (2006)

1. focais e estruturada
2. objetivos definidos
3. replicáveis
4. baseadas em evidências

FIGURA 10.1
Exemplo de bom slide.

Violência sexual

A violência sexual contra crianças e adolescentes é um grave problema de saúde pública. A violência sexual pode desencadear impacto negativo ao desenvolvimento psicossocial das vítimas. As principais consequências da violência sexual são problemas cognitivos, comportamentais e sociais. Algumas vítimas podem desenvolver graves transtornos psicopatológicos como o transtorno do estresse pós-traumático.

Diante do impacto negativo gerado pela violência sexual, a psicoterapia pode ser importante estratégia para minimizar as consequências dessa experiência. A ISPCAN e a WHO indicaram em 2006 as diretrizes para o tratamento psicológico das vítimas. As intervenções devem ser focais e estruturadas, devem apresentar objetivos definidos, devem ser replicáveis e apresentar evidências de efetividade.

FIGURA 10.2
Exemplo de como não deve ser o *slide*.

REALIZAÇÃO DA APRESENTAÇÃO

Durante a apresentação oral, é necessário estar atento para postura e entusiasmo, contato visual, uso da voz e uso do tempo. A competência de um(a) orador(a) está vinculada ao interesse e ao conhecimento que demonstra sobre o tema, assim como pelo entusiasmo com que transmite suas ideias. A postura, o sorriso, a respiração controlada e a movimentação não excessiva pelo espaço podem acentuar o entusiasmo e a vinculação com os ouvintes (Grobman, 2003-2008; Hemphill, 2009). Tal vinculação é construída mais facilmente quando o(a) apresentador(a) assume uma postura simpática, sorrindo para o público, agradecendo sua presença e a oportunidade de compartilhar suas aprendizagens com as pessoas presentes. Não é recomendável iniciar a apresentação se desculpando pela falta de experiência ou de tempo para preparação de tal atividade. Tais atitudes podem transmitir insegurança ao público.

A busca pelo contato visual com o público também representa controle da apresentação e vinculação positiva com os ouvintes. Outra opção que pode auxiliar o controle da ansiedade é fixar o olhar em um ponto no fundo do auditório, ou buscar o contato visual com pessoas que apresentem expressões faciais amigáveis em locais diferentes da sala. Deve-se evitar fixar o olhar nos recursos visuais ou ler anotações, pois esses comportamentos podem ser interpretados pelo público como desinteresse dos apresentadores ou insegurança com relação ao conhecimento sobre o tema (Grobman, 2003-2008; Hemphill, 2009).

O cuidado com o uso da voz é fundamental. O público deve ser capaz de ouvir e entender o que está sendo dito. Não se deve falar muito baixo, tampouco alto demais. Também se deve evitar falar rápido. É recomendável articular bem a pronúncia das palavras, assim como variar a entonação da voz, que pode ser um recurso para destacar conteúdos relevantes (Hemphill, 2009).

A linguagem utilizada também reflete credibilidade. Sugere-se utilizar apenas linguagem profissional adequada ao público. Os termos técnicos devem ser utilizados desde que o público tenha conhecimento. Caso contrário, devem ser esclarecidos em uma linguagem acessível e simples (Grobman, 2003-2008). É importante certificar-se de que as palavras e a gramática estejam sendo utilizadas de forma correta, bem como evitar linguagem coloquial, jargões ou "gírias". Outra dica é não utilizar termos como "né", "tá", "então", "ahn", repetidas vezes. Essas "bengalas linguísticas" podem ser identificadas nos ensaios e devem ser monitoradas e excluídas da apresentação, pois tornam o discurso desagradável. Por fim, é necessário cuidado com uso de termos que possam ser interpretados como linguagem sexista ou como preconceitos racial ou socioeconômico, como, por exemplo, "o homem" em vez de ser humano, "pessoas morenas" em vez de negros, ou "participantes pobres" em vez de participantes de nível socioeconômico baixo (Hemphill, 2009). Palavras como judiar, denegrir, entre outras também têm conotação preconceituosa e devem ser evitadas.

Alguns outros cuidados devem ser adotados para uma apresentação eficaz: não se atrasar para a apresentação, não falar mais tempo do que o permitido pelo evento, não hiperventilar, ou seja, deve-se controlar a respiração, não falar de forma monotônica ou murmurar, assim como não ler anotações. Em relação à postura e aos movimentos, deve-se evitar sentar-se ou apoiar-se em mesas ou estantes, não se esconder atrás do púlpito, não ficar se balançando para a frente e para trás, não ficar na frente dos recursos visuais e não permanecer de costas para o público. Ainda é importante não esquecer de ter um tom divertido, afinal, a apresentação não necessita ser aborrecida para ter credibilidade. Dessa forma, o uso do humor é bem-vindo quando não em exagero (Hemphill, 2009; Peoples, 2001).

O público manifesta-se por meio de comportamentos que oferecem *feedbacks* aos apresentadores, tais como tossir, aplaudir, bocejar, adormecer, balançar a cabeça positivamente, sorrir. É útil estar atento a tais comportamentos para verificar o seu interesse e a sua compreensão. A vinculação positiva com os ouvintes também deve ser fortalecida por meio da disponibilização de tempo para perguntas. Esse tempo também é interessante para esclarecimentos de dúvidas e para balizar o quanto a palestra foi compreendida e no que se deve melhorar em oportunidades futuras. O reforço positivo para a participação do público por meio de verbalizações, tais como "muito interessante sua pergunta" ou "obrigada por sua contribuição" fortalece o bom vínculo com os ouvintes. As dúvidas e os questionamentos devem ser respondidos de forma genuína, ou seja, quando não se sabe a resposta, deve-se informar que não sabe e que buscará informações a respeito (Hemphill, 2009). É recomendável se preparar para possíveis perguntas, tais como "por que tal método foi escolhido e não outro?" ou "por que foi realizado este tipo de análise e não outra?" e é fundamental justificar tais escolhas. As perguntas devem ser respondidas de forma pontual. Os apresentadores devem compreender as dúvidas e comentários como críticas ao trabalho e não como críticas pessoais. Por fim, também é positivo disponibilizar *e-mail* para posterior contato (Grobman, 2003-2008).

Demonstrar confiança, assertividade e tranquilidade são requisitos fundamentais para conquistar a credibilidade do público. A ansiedade é uma reação normal e esperada em situações de apresentação oral. Algumas estratégias para controlar a ansiedade são o ensaio prévio, o controle da respiração e ter em mente que ninguém sabe mais sobre o estudo realizado do que o(a) próprio(a) autor(a). É também possível "brincar" com a situação, revelando ao público o seu "estado ansiogênico", pois isso ajudará a descontrair e relaxar. Tais estratégias manterão os apresentadores no controle da ansiedade e não a ansiedade no controle dos apresentadores. É importante lembrar que a apresentação oral eficaz é uma habilidade a ser construída e é aprimorada com a prática (Grobman, 2003-2008). Portanto, cada apresentação oral realizada será melhor que a anterior!

REFERÊNCIAS

Grobman, K. H. (2003-2008). *How to give a good talk in Psychology or other sciences.* Retirado de: http://devpsy.org/teaching/method/give_psychology_talk.html

Hemphill, B. (2009). *Oral presentations.* Retirado de: http://www.etsu.edu/scitech/langskil/oral.htm

Hill, M. D. (1997). *Oral presentation advice.* Retirado de: *http://pages.cs.wisc.edu/~markhill/conference-talk.html*

Peoples, D. C. (2001). *Guindelines for oral presentation.* Retirado de: http://go.owu.edu/~dapeople/ggpresnt.html

parte III

Administração da vida acadêmica

11
Como manejar o tempo na academia

Maria Clara P. de Paula Couto

Imagine, por um momento, a seguinte cena: Você tem uma tarefa importante para fazer. Há um prazo estabelecido para a sua entrega: um mês. Hoje, ao pensar na tarefa, você percebe que afinal já se passaram vinte dias e que, portanto, restam-lhe apenas dez dias para fazê-la. A essa altura, você começa a se sentir um pouco preocupado(a), mas ainda tem aquela convicção de que funciona melhor sob pressão, logo é possível adiar um pouco mais porque ao fim vai dar tudo certo. Agora faltam cinco dias para o final do prazo, o(a) seu(sua) orientador(a) pede que você se envolva em outra atividade, que provavelmente lhe ocupará mais um dia e meio – você aceita mais esse trabalho. Ao final de dois dias, você finalmente começa a trabalhar no que interessa. Pensa: Nossa, mas essa tarefa é muito mais trabalhosa do que imaginei! Então, você se desdobra e passa por três dias estressantes. Termina a tarefa em cima da hora, mas não consegue fazê-la tão bem como gostaria e acaba por se sentir insatisfeito(a) com você e com o seu desempenho.

    Essa pequena vinheta aplica-se a muitos estudantes de graduação, pós-graduação, acadêmicos, pesquisadores. Não é incomum nos encontrarmos em um cotidiano no qual muitas (e diferentes) demandas se apresentam. Nesse contexto, facilmente podemos acabar fazendo uma má administração do nosso tempo, fato que pode ter consequências nada boas tanto ao nível pessoal quanto ao nível profissional. Você pode se sentir insatisfeito com o seu desempenho no trabalho, pode se sentir muito estressado(a), sua produtividade pode não ser tão boa quanto aquela que o(a) seu(sua) chefe deseja, sua família e seus amigos podem se queixar que você está sempre trabalhando (inclusive nos fins de semana) e, mesmo assim, nunca sobra tempo para o lazer. Parece, então, evidente que o manejo adequado do seu tempo deve assumir um destaque na forma como você organiza a sua rotina. Pense, por exemplo, na vinheta que iniciou este capítulo. Quantos erros foram cometidos na situação ilustrada pelo simples fato de que a personagem não administrou bem o tempo? Apenas para citar alguns, ele(a) fez uma administração do tempo baseada em crise (i.e., deixou o trabalho para a última hora acreditando que conseguiria ter melhor desempenho se trabalhasse sob pressão) e não soube dizer não, aceitando, então, mais uma tarefa quando ainda nem tinha iniciado a tarefa principal. Diante disso, este capítulo foi elaborado com o objetivo de apresentar algumas dicas de como você pode fazer o melhor manejo possível do seu tempo. A esta altura, espera-se que esteja claro que essa é, realmente, uma habilidade preciosa na vida acadêmica.

Antes de falar a respeito das estratégias de manejo de tempo propriamente ditas, gostaria de lhe propor um desafio. Você já parou para pensar em como é a rotina de trabalho de um(a) acadêmico(a)? Quais as atividades em que ele(a) está envolvido(a)? Você, aluno(a) de graduação, já observou os alunos da pós-graduação? Você, aluno(a) da pós-graduação, já observou o(a) seu(sua) orientador(a)? Se já o fizeram, devem ter tido a percepção de que este pessoal da academia está sempre um tanto estressado. Vamos então ao desafio e listemos aqui algumas das responsabilidades de quem faz pesquisa e ensina na Universidade:

a) reuniões de departamento,
b) reuniões com o grupo de pesquisa,
c) supervisão de alunos,
d) atividades de ensino,
e) escrita de propostas para editais de pesquisa,
f) fazer pesquisa,
g) escrever artigos e capítulos de livros,
h) revisar artigos para periódicos,
i) preparar palestras, e
j) ir a congressos.

Não se trata de pouca coisa! Então, se você está pensando em seguir esta carreira ou se já está nela, vamos lá tentar otimizar a sua vida!

Quando falamos em tempo, uma questão importante que precisamos manter em mente é que o tempo é algo contínuo, não para. Portanto, parece inevitável o fato de que não somos capazes de criar mais tempo. Cada dia tem 24 horas e o desafio diário que temos é o de saber controlar os acontecimentos que se sucederão nesse intervalo. Nesse sentido, um aspecto importante é estarmos conscientes do que queremos alcançar em médio e longo prazos. Denomina-se a isso, manejo de tempo baseado em valores, o que nada mais é do que organizar a sua rotina para empregar o seu tempo no que você considera realmente importante, prioritário de acordo com os seus valores e objetivos pessoais (Jameson, 2008; Norris, 1999). Além de saber priorizar, o adequado manejo do tempo também passa por saber reconhecer que fatores no seu dia a dia literalmente "roubam" o seu tempo. Conforme Mackenzie (1997) discute, há vinte "ladrões de tempo" principais. São eles:

- ✓ **Administração do tempo baseada em crise**: Evite deixar tarefas para a última hora. Lembre-se do ditado: "Por que deixar para amanhã o que se pode fazer hoje?".
- ✓ **Deixar tarefas incompletas**: Uma vez iniciada uma tarefa, evite deixá-la incompleta: De modo geral, o tempo necessário para retomá-la e conclui-la pode ser maior do que o tempo necessário para finalizá-la uma vez que a tenha iniciado.
- ✓ **Equipe ineficaz**: Bastante tempo pode ser perdido se você conta com uma equipe ineficaz para auxiliá-lo(a). Desse modo, será uma boa ideia manter a equipe de trabalho funcionando em sintonia e ciente de qual é a responsabilidade de cada um.
- ✓ **Socialização**: Conversar e interagir com colegas e amigos é bom, mas pode lhe tomar mais tempo do que você dispõe considerando as tarefas que tem para fazer. Tente equilibrar os momentos de socialização com os de trabalho para que não seja gasto demasiado tempo no primeiro.
- ✓ **Autoridade confusa**: Utilize clareza e objetividade quando solicitar algo à sua equipe de trabalho. Exercer autoridade de modo confuso pode fazer com que suas solicitações não sejam cumpridas de acordo com o que você pretendia. Se isso acontecer, mais tempo será necessário para que o resultado desejado seja efetivamente alcançado.
- ✓ **Problemas de comunicação**: Supor que os seus colegas ou a sua equipe de trabalho são capazes de adivinhar o que você espera deles não é plausível. Se você espera que os seus colegas façam algo, mas você não os comunica claramente sobre isso, a culpa por eles não fazerem o que você espera não é deles, mas sua. Um outro problema relacionado à comunicação é a transmissão de informações incompletas. Transmitir informações incompletas pode significar a realização de tarefas de forma igualmente incompleta. Portanto, seja o mais preciso(a) possível ao passar informações relativas ao trabalho.
- ✓ **Controle inadequado e relatórios de progresso**: Mantenha um arquivo organizado daquilo que deve ser incluído em relatórios anuais de progresso.

Reserve tempo para trabalhar neste tipo de relatório; não deixe para fazê-lo no último momento.

✓ **Viagens:** Viagens a congressos, reuniões de pesquisa, bancas, entre outras, são aspectos inerentes à rotina acadêmica. Lembre, no entanto, que se afastar da rotina e do trabalho implica dispender algum tempo para adaptação e para retomar tarefas do ponto em que você as deixou. Assim, tente equilibrar o tempo investido em viagens e trabalhos fora da Universidade.

✓ **Trabalhos burocráticos:** Investir tempo em tarefas burocráticas às vezes é necessário. Esse tipo de tarefa costuma tomar bastante tempo sem, no entanto, representar as tarefas mais relevantes que você tem para fazer. Por isso, reserve um tempo limitado para os trabalhos burocráticos no período do seu dia em que você se sente menos motivado para tarefas intelectuais.

✓ **Interrupções pelo telefone:** Atender ao telefone no meio de um trabalho importante pode retirar a atenção que estava concentrada nesse trabalho, implicando, assim, mais tempo para finalizá-lo. Uma maneira de lidar com a demanda natural das ligações telefônicas é reservar um período diário para atendê-las durante o horário de trabalho.

✓ **Planejamento inadequado:** Planejar-se de forma inadequada pode resultar na não obtenção dos resultados desejados no prazo determinado. Logo, é importante fazer um planejamento preciso e viável (p. ex., Vou conseguir fazer sozinho(a) ou precisarei de auxílio?, Quantas horas de trabalho por dia serão necessárias?) considerando os prazos que você dispõe para finalizar as tarefas que possui.

✓ **Querer fazer demais:** Não assuma mais trabalhos do que o tempo que você tem para realizá-los. Se você já assumiu tarefas, não assuma novos trabalhos até concluir as que você se comprometeu em fazer.

✓ **Visitantes:** Receber visitantes de modo desregrado pode representar o investimento de um tempo que precisaria ser investido em outras tarefas. Estabeleça horários para receber visitas de alunos, de colegas, assim como atender telefone e ler *e-mails*.

✓ **Delegar de forma ineficiente:** Saber delegar é uma habilidade que merece ser desenvolvida. Muito tempo pode ser poupado se você souber delegar para os seus colegas e para a sua equipe tarefas que julga que eles possam fazer bem.

✓ **Desorganização pessoal:** Quanto tempo você vai gastar se, a cada vez que for trabalhar, precisar encontrar aquele artigo ou livro importante, as regras pertinentes para a realização do trabalho, ou o horário, dia e local em que precisa comparecer a uma reunião? Mantenha sua organização, pois isso pode poupar um tempo precioso na sua rotina.

✓ **Falta de autodisciplina:** Seja o seu(sua) chefe mais exigente. Não atrase a entrega de trabalhos, não deixe tarefas incompletas, não deixe materiais/arquivos desorganizados no seu espaço de trabalho ou no seu computador.

Para lhe auxiliar, você pode manter uma lista de metas que precisa alcançar semanalmente. Ao fim da semana, verifique se conseguiu cumprir o que planejou.

✓ **Incapacidade de dizer não**: Dizer "não" não é igual a ser rude. Não tome uma resposta negativa como algo pessoal. Se você sabe que não poderá responder a uma demanda, seja claro(a) e diga que, infelizmente, não poderá ajudar. Se você não poderá auxiliar, será melhor para os seus colegas e alunos estarem cientes de que não poderão contar com a sua ajuda em vez de contar com ela parcialmente.

✓ **Procrastinação**: Evite postergar o que tem para fazer. Fazer isso pode contribuir bastante para que você faça administração do tempo baseada em crise.

✓ **Reuniões**: Reuniões são um grande vilão, caso sejam malconduzidas. É possível que você gaste um tempo significativo em reuniões das quais pode sair com a sensação de que nada foi produzido. Idealmente, reuniões de trabalho devem ter hora marcada para iniciar e terminar, bem como uma pauta preestabelecida.

Sabemos, por exemplo, o impacto que a administração do tempo baseada em crise pode ter no manejo do nosso tempo. Deixar tarefas para a última hora representa, verdadeiramente, a possibilidade de se perder o controle do tempo. Outros aspectos como a desorganização pessoal, a falta de autodisciplina e o planejamento inadequado contribuem para que o tempo seja perdido e que você permaneça constantemente com a sensação de que não consegue fazer o que é preciso no tempo que tem disponível. A incapacidade de dizer "não" acaba levando-o a assumir muitas tarefas concomitantes, nem todas elas prioritárias. Por isso, não queira fazer demais, priorize o que você julga que é importante de acordo com os objetivos que tem. Ligue o alerta vermelho quando perceber que está inclinado a deixar tarefas incompletas com a ideia de que pode retornar ao que estava fazendo depois. Se estivermos concentrados em uma tarefa que estamos conseguindo fazer bem, não compensa deixá-la incompleta porque o retorno a ela pode ser difícil e o tempo que perderemos até conseguirmos nos concentrar novamente pode ser, ao fim, muito custoso. Finalmente, o que dizer da procrastinação, vilã declarada nos *sites* que abordam a vida de graduandos e pós-graduandos? Procrastinar significa deixar para depois, adiar, postergar. Reconheceu a palavra? Já se viu procrastinando? A procrastinação, embora seja comum, pode acabar representando não só uma forma de perder tempo como também pode implicar estresse e ansiedade. Afinal, sabe-se que existe uma tarefa que precisa ser feita, que o tempo está passando e que você está sem controle para de fato iniciar o trabalho. Portanto, embora soe charmosa, cuidado com a procrastinação!

A fim de lidar da melhor maneira possível com os "ladrões de tempo" indicados por Mackenzie (1997), uma boa estratégia é pensar em você e quais são os "ladrões" que roubam especificamente o seu tempo. Tente fazer isso: pense em você e tente listar os ladrões do seu tempo! Ter consciência dos fatores que agem na má administração do seu tempo pode lhe permitir criar estratégias para melhor lidar com eles (Jameson, 2008; Norris, 1999). Não se esqueça também da palavra de ordem: priorizar. Tenha sempre em mente os seus objetivos, o que você quer alcançar e foque nas atividades que poderão contribuir nesse processo.

DICAS PARA O BOM MANEJO DO TEMPO

Com o intuito de lhe ajudar a criar estratégias para melhor administrar o seu tempo, são apresentadas, neste item, dicas que lhe poderão ser úteis.

Planeje o seu dia. É fato que, ao longo de cada dia, somos tomados por uma diversidade de tarefas e demandas. Uma boa estratégia para conseguir trabalhar de forma efetiva é planejar o dia. Parece algo simples, mas a verdade é que o planejamento diário mantém você focado naquilo que é importante e prioritário. Ajuda ainda, a evitar que se deixem tarefas incompletas. Faça o seu planejamento escrevendo as tarefas que você precisa cumprir (p. ex., reuniões, monitorias, orientações, trabalho individual, como escrita e revisão de artigos) e reservando um intervalo para cada uma delas. Outra dica valiosa é planejar as tarefas do dia de acordo com o seu ciclo de energia, ou seja, faça as tarefas mais importantes (p.ex., escrita de artigos) nos períodos em que se sente com mais energia e as tarefas menos importantes (p.ex., trabalhos burocráticos) nos períodos em que se sente com menos energia (Jameson, 2008, Norris, 1999).

Agende seus compromissos. Se você ainda não tem uma agenda ou calendário (nos moldes antigos ou nos mais modernos, não importa) providencie uma e registre nela não só os seus compromissos, como também as informações relevantes sobre eles. Isso evita que você perca tempo tentando encontrar informações que precisa (p. ex., Com quem vou encontrar? Sobre o que é o encontro? Onde? A que horas?). Como é comum que durante o dia ou a semana surjam compromissos que não estavam previstos, para que você não se desorganize tentando "encaixá-los" em sua agenda, deixe reservados alguns horários disponíveis para o caso de esses compromissos efetivamente surgirem.

Embora pareça óbvio, reserve tempo em sua agenda para pensar. Nem sempre conseguimos um momento de mais calma e concentração no ambiente acadêmico devido às inúmeras demandas que surgem. O tempo para pensar é justamente aquele em que você pode se dedicar com mais profundidade a trabalhos que lhe exigem mais concentração. Por isso, um ambiente tranquilo pode ajudar a manter o foco. Escolha esse ambiente para que ele possa lhe ajudar a aproveitar melhor o seu tempo.

Reuniões, monitoria e orientação de alunos. Na medida do possível, evite marcar ou ir a uma reunião sem ter uma pauta ou objetivos específicos ou sem ter um tempo definido para que a reunião encerre. Lembre-se que reuniões são ladrões de tempo quando não são estruturadas com uma pauta e com um tempo definido para começar e encerrar.

A monitoria e a orientação de alunos se constituem como atividades importantes do cotidiano de trabalho acadêmico. Por isso, uma dica nesse sentido é organizar um tempo estruturado para as monitorias e supervisões. Por exemplo, tanto para os alunos quanto para os orientadores, é interessante que se tenha reservado um dia e horário constantes para supervisão (p.ex., toda quarta-feira às 14h). Assim, ambos já podem se preparar para extrair o melhor do tempo de monitoria e supervisão.

Programe-se para o dia seguinte. Esse ponto trata de uma dica muito importante e que pode ser uma poderosa aliada no manejo do seu tempo: deixar o dia seguinte organizado antes de deixar a Universidade ou de encerrar o seu dia de trabalho. Então, antes de dar o seu dia por completo, faça o seguinte: Organize a sua mesa e deixe nela o material que vai precisar no dia seguinte, retirando aquele que já utilizou, liste as atividades que quer realizar no dia seguinte e só então vá para casa. Essa série de atividades simples pode reduzir bastante a sua carga de estresse e permite que você possa, de forma real, aproveitar o seu tempo de descanso. Ou seja, quando chegar em casa, não precisará continuar a trabalhar pensando no que precisa fazer no dia seguinte, que material você vai precisar, com quem vai precisar falar.

Mantenha uma lista de tarefas prioritárias. Você ainda se lembra da palavra de ordem deste capítulo? Priorizar! Assim, faça o exercício de além de agendar as suas tarefas organizá-las de acordo com a sua ordem de prioridade. Uma sugestão de ordem é (http://www.bu.edu/ceit/faculty-development/time-management-for-faculty/):

1. Tarefas importantes com prazos definidos (p. ex., elaboração de proposta para edital com data definida para submissão).
2. Tarefas menos importantes com prazos definidos (p. ex., revisão de um artigo para um periódico).
3. Tarefas importantes sem prazos definidos (p. ex., escrita de artigos). Nesse caso, estabeleça prazos, organize-se para concluir as tarefas no prazo que você estabeleceu para si.
4. Tarefas menos importantes sem prazos definidos (p. ex., organizar artigos e livros lidos de acordo com sua temática).

Mantenha uma lista de tarefas cumpridas. Uma boa forma de se manter motivado é listar as tarefas que você planejou para o dia, semana, mês, semestre (Quadro 11.1). Afinal, é bastante gratificante perceber que conseguimos cumprir o que planejamos. Manter uma lista de tarefas cumpridas ajuda-nos ainda a verificar o quanto fomos precisos no tempo que reservamos para cada tarefa de modo que, ao organizar as próximas tarefas, possamos fazê-lo de forma mais otimizada evitando, assim, desperdícios. Lembre-se ainda que, seja você aluno(a) de pós-graduação ou professor(a), é possível que seus programas lhe exijam a entrega de um relatório anual. Nesse caso, ter uma lista de tarefas cumpridas poderá ser útil além de tornar mais rápida a execução do seu relatório.

Aprenda a dizer não. Essa talvez seja a dica mais comum que você escute, mas é, possivelmente, a mais difícil de alcançar. O primeiro aspecto que é importante esclarecer é que não há problema algum em dizer não às demandas feitas a você. A clareza e a objetividade entre os colegas de trabalho são fatores que ajudam a manter a boa convivência permitindo que cada um saiba o que pode efetivamente esperar do outro. Portanto, dizer não, não é ofensa. Quando lhe for proposta uma tarefa capaz de consumir muito de seu tempo, pondere com calma antes de dar uma resposta positiva. Algumas questões que podem lhe ajudar a decidir são: Como isso vai ajudar na minha carreira?

QUADRO 11.1

Exemplo de lista de tarefas

Tarefas	Realização	Observações
Pesquisa (p. ex., coleta de dados, análise de dados)	( ) sim ( ) não	
Escrita de artigos	( ) sim ( ) não	
Submissão de artigos	( ) sim ( ) não	
Artigos aceitos	( ) sim ( ) não	
Congressos	( ) sim ( ) não	
Disciplinas	( ) sim ( ) não	
Leitura de artigos/livros	( ) sim ( ) não	
Orientações	( ) sim ( ) não	
Propostas submetidas para editais	( ) sim ( ) não	

MANUAL DE PRODUÇÃO CIENTÍFICA **175**

(p. ex., O que aprenderei com esta tarefa? A tarefa vai gerar publicações?); Quanto tempo a tarefa vai levar?; Eu tenho esse tempo?; Qual é o prazo?; O quão ocupado(a) estarei durante o período em que eu terei de trabalhar na tarefa?; Terei que comprometer minha vida pessoal para completar a tarefa?; Será divertido fazer a tarefa? Se você conseguir responder de forma favorável às perguntas, então aceite o compromisso. Caso contrário, não há problemas em dizer ao seu colega que, neste momento, você tem outras prioridades e que, por esta razão, não poderá se comprometer com a tarefa proposta (Ailamarki & Gehrke, 2003; Jameson, 2008). Outra ocasião em que você pode treinar dizer não é quando os seus colegas lhe pedem para fazer tarefas nas quais julgam que você é bom. Nesse caso, diga não! Não deixe que seus colegas lhe deleguem essas tarefas; deixe que eles as façam (Jameson, 2008). Essa será uma oportunidade de que eles aprendam por si próprios contando com o seu auxílio na medida certa. Em outro momento, eles é que poderão lhe ensinar algo.

Aprenda a delegar. Delegue o máximo de tarefas possíveis para o(a) seu (sua) assistente administrativo, colegas, alunos, colaboradores. Saber trabalhar em equipe é fundamental no contexto acadêmico. Sozinho, é bastante provável que você não consiga realizar todas as tarefas que lhe são solicitadas. Portanto, confie na habilidade de seus parceiros e lhes delegue as tarefas as quais julga que eles estão preparados para fazer (Ailamarki & Gehrke, 2003; http://www.bu.edu/ceit/faculty-development/time-management-for-faculty/).

E-mails **e redes sociais.** Os *e-mails* e as redes sociais são o modo ideal de desorganizar um dia bem-planejado (Ailamarki & Gehrke, 2003). Frequentemente, são distratores, ou seja, tiram-nos o foco de tarefas prioritárias. Treine-se para ler e responder os seus *e-mails* duas vezes ao dia (p. ex., manhã/noite). É um desafio, sem dúvida, considerando o nosso hábito quase automático de acessar nossas caixas de *e-mail* – pelo computador, pelo telefone, em qualquer lugar. Para começar, desligue qualquer som de notificação, especialmente, dos telefones. Outra questão é relativa à expectativa que é criada nos outros ao se responder *e-mails* imediatamente e a qualquer hora. É possível que, agindo assim, seus colegas não ponderem o horário e o dia em que lhe enviam *e-mails* e esperam que você responda brevemente.

Outra dica importante para manter a organização é deixar na sua caixa de entrada apenas os *e-mails* que ainda não foram lidos e precisam de uma resposta sua. Utilize os recursos que seu provedor lhe oferece para organizar a sua caixa de entrada. Um exemplo é a ferramenta caixa prioritária por meio da qual você pode separar os *e-mails* que recebe por ordem de prioridade e destinatário. Você pode ainda organizar as suas mensagens em diferentes pastas de acordo com o destinatário (p. ex., colegas, orientador) ou com o assunto das mensagens (p. ex., projetos de pesquisa, tese), evitando assim perder tempo quando precisar encontrar *e-mails* específicos.

Escrita de projetos para solicitação de recursos. O preparo de projetos para solicitação de recursos de agências de fomento (p. ex., editais para projetos, bolsas) é uma das tarefas que devem ser consideradas prioritárias no contexto de pesquisa acadêmica. A obtenção de financiamentos permite não apenas o sustento do grupo de pesquisa, como também a execução de projetos que poderão gerar parcerias, inovações, publicações. É, assim, uma tarefa que tem potencial de contribuir para a sua carreira e que não deve ser relegada para a "última hora". Reserve tempo (pelo menos um mês) para se dedicar a essa tarefa para que tenha chance de ter o seu projeto aceito.

Revisões de artigos para periódicos. Somente aceite fazer a revisão de um artigo se tiver certeza de que não tem outras atividades pendentes e de que pode efetivamente dar contribuições para os autores do artigo (Ailamarki & Gehrke, 2003). Lembre-se que os periódicos trabalham com prazos de 30 dias para a conclusão de uma revisão. Se não tiver tempo suficiente para completar a tarefa nesse período, não se comprometa. Não é adequado deixar os editores e os autores à espera de sua revisão para avançarem o processo editorial. Além disso, reveja as perguntas indicadas no item "Aprenda a dizer não", pois elas também poderão lhe ajudar a decidir se aceita ou não a tarefa de revisar um artigo.

Aulas. Lembre-se que, na Academia, o seu trabalho baseia-se em uma combinação entre dar aulas e fazer pesquisa. Entretanto, um percurso muito bom em pesquisa é indispensável para o avanço na sua carreira. A mensagem é: jamais negligencie as suas tarefas de ensino, mas esteja atento para não investir muito tempo nelas, ou melhor, tente organizar o tempo que investe nelas para que possa obter bons resultados em curtos períodos. Algumas estratégias para otimizar o manejo do tempo seriam: utilizar materiais que você já tenha elaborado, pedir ajuda a colegas que já tenham dado a disciplina que você vai ministrar, priorizar cursos que você já deu. Uma boa dica é reservar um tempo para interagir e dialogar com os alunos a fim de saber se eles estão aproveitando as aulas e que aspectos ressaltam como positivos e negativos. Esse *feedback* poderá lhe ajudar a reestruturar o seu material e o conteúdo das aulas para que possam corresponder de forma mais significativa às expectativas dos alunos (Ailamarki & Gehrke, 2003).

Backup **de trabalhos.** Não é incomum deixarmos passar muito tempo para fazermos *backup* do nosso trabalho. Entretanto, a quantidade do que produzimos aumenta de modo acelerado de forma que os intervalos de tempo que reservamos para fazer *backups* acabam sendo grandes para a quantidade de novos trabalhos armazenados. Assim, o ideal é que você faça *backup* de todo o seu trabalho com frequência. Se houver perda, ela significará a perda de uma extensa quantidade de trabalho. Pode parecer que esses *backups* frequentes lhe roubam o tempo. Entretanto, não se esqueça de que você precisará de muito tempo e terá muito mais trabalho se tiver que refazer o que perdeu (http://www.bu.edu/ceit/faculty-development/time-management-for-faculty/).

CONSIDERAÇÕES FINAIS

Este capítulo abordou o tema do manejo do tempo, questão importante no cotidiano de quem está inserido na Academia, seja como aluno(a) de graduação, pós-graduação, pesquisador(a) ou professor(a). Ao longo do texto, buscou-se apresentar aspectos que podem prejudicar a administração do tempo, bem como estratégias e dicas de como contorná-los a fim de obter uma maior otimização das horas do seu dia. Já sabemos que são apenas 24 e que não se pode criar mais horas, apenas manejá-las a nosso favor.

Nesse sentido, foi reforçada uma abordagem de manejo do tempo que preconiza a decisão pessoal de que cada um controla o seu tempo e é capaz de identificar e combater os ladrões que o consomem. Além disso, para o bom manejo do tempo, é fundamental exercitar diariamente a habilidade de planejar, traçar objetivos e prioridades. Finalmente, para começar a fazer o melhor uso do seu tempo, não há tempo certo. Isto é, comece agora, do ponto no qual se encontra, criando um plano de ação imediato.

REFERÊNCIAS

Ailamaki, A. & Gehrke, J. (2003). Time management for new faculty. *SIGMOD Record, 32*(2), 102-106.

Mackenzie, A. (1997). *The time trap – The classic book on time management.* New York: AMACOM.

Jameson, C. J. (2008, Dezembro 26). Time management tips for faculty. *WISEST Initiatives.* Recuperado de http://www.uic.edu/orgs/wisest/initiatives2/sessions/session23/Time%20management%20tips.pdf

Norris, T. E. (1999). Time management: A key survival skill for busy faculty. Recuperado de http://www.slidefinder.net/t/time_management_key_survival_skill/timemgmt_07/29770182

Time management for faculty (n.d.). In *Center for Excellence & Innovation in Teaching.* Recuperado de http://www.bu.edu/ceit/faculty-development/time-management-for-faculty/

12
Como formar e gerir equipes de pesquisa

Luísa F. Habigzang
Airi M. Sacco

Em 1976, Alan Chalmers perguntou, no título de sua obra mais famosa, "O que é ciência, afinal?". Quase 40 anos depois, se fizéssemos uma pequena alteração na frase e questionássemos "como se faz ciência, afinal?", nos deparaíamos, assim como Chalmers, com várias opções de resposta. A maioria das alternativas, contudo, possivelmente teria um elemento em comum: para fazer ciência, é preciso saber trabalhar em equipe.

O trabalho em equipe é essencial ao desenvolvimento científico e pode proporcionar uma série de benefícios a todas as pessoas envolvidas. Para os pesquisadores, ter um grupo com o qual trabalhar pode significar economia de tempo e de dinheiro, experiência com coordenação de grupos e incremento na qualidade do estudo. Para os estudantes, o envolvimento em uma equipe de pesquisa tem potencial para gerar, além de uma nova linha no currículo, aprendizagem teórica e técnica, experiência prática e contato com assuntos que não fazem parte da grade curricular da graduação.

Uma das mais importantes descobertas científicas dos últimos tempos é um bom exemplo de como o trabalho em equipe é fundamental para o avanço do conhecimento. Peter Higgs, físico teórico britânico, propôs, em 1964, a existência do bóson de Higgs, partícula que seria responsável por conferir massa a todas as outras partículas presentes no universo. Desde então, milhares de pessoas empregaram esforços para encontrar evidências que confirmassem ou refutassem a teoria. Esse feito foi alcançado em 2012, quando uma equipe composta por pesquisadores e técnicos de mais de 40 países conseguiu encontrar uma partícula compatível com o bóson de Higgs, indicando que a teoria proposta em 1964 estava correta (ATLAS Collaboration, 2012).

As pesquisas que levaram à confirmação da existência da chamada partícula de Deus envolveram pessoas do mundo inteiro e o investimento de bilhões de dólares. No entanto, você não precisa ser um gênio da ciência ou dispor de um vultoso financiamento para também se beneficiar do auxílio de outras pessoas em sua pesquisa. Neste capítulo, você encontrará dicas sobre como formar e gerenciar uma equipe de pesquisa composta por estudantes de graduação e profissionais. Os tópicos abordados envolvem o processo de seleção de integrantes, o estabelecimento de um contrato de trabalho, o planejamento de atividades, o relacionamento intragrupo, a avaliação do trabalho desenvolvido e o processo de aprendizagens intrínseco à experiência de trabalhar em equipe.

FORMAÇÃO DA EQUIPE

A primeira etapa necessária à montagem de uma equipe de trabalho é selecionar as pessoas que farão parte do grupo. Contudo, a seleção propriamente dita deve ser precedida por um momento de tomada de decisão, no qual algumas questões precisam ser levadas em consideração:

a) quanto tempo a pesquisa vai durar?;
b) o objetivo é ter uma equipe que participe de todo o estudo ou apenas de uma parte?;
c) é interessante que os estudantes integrantes do grupo estejam em qual etapa do curso de graduação?;
d) é interessante que a equipe tenha profissionais em sua constituição?

Essas perguntas são importantes porque vão balizar todo o processo de seleção. Se a pesquisa durar um período longo e se o seu objetivo é que a mesma equipe permaneça durante todo o estudo, você terá dificuldades se selecionar estudantes que já estejam prestes a concluir a graduação. Assim que se formarem, eles provavelmente seguirão outros rumos e você terá que treinar uma nova equipe, a menos que eles sigam no mestrado estudando a mesma temática. Já se a participação no grupo de pesquisa não exigir um longo treinamento e se você não se importar com a rotatividade no grupo, provavelmente não verá problemas no fato de seus integrantes serem renovados periodicamente.

A avaliação relativa ao semestre que os estudantes estão cursando também precisa levar em consideração o tipo de coleta de dados que você pretende realizar. Se a sua pesquisa requer uma coleta simples, como uma aplicação coletiva de questionários, pode ser melhor que os membros da equipe estejam no início do curso, quando ainda não precisam dividir seu tempo e atenção com os estágios curriculares. Por outro lado, se a coleta envolve a utilização de habilidades clínicas, como ocorre em entrevistas, por exemplo, é interessante que já tenham cursado alguns semestres da graduação. A participação de profissionais também pode ser útil em pesquisas que exigem habilidades clínicas ou conhecimentos práticos relacionados às diversas áreas de atuação do psicólogo.

A próxima etapa, após a definição do perfil da equipe, é divulgar a seleção de seus futuros membros. Em universidades, as duas maneiras mais utilizadas para fazer isso são a realização de breves anúncios verbais nas turmas de graduação e a utilização de cartazes informativos. Além disso, é possível divulgar por meio de *e-mails* para seus contatos profissionais e nas redes sociais, nas páginas do laboratório de pesquisa ou grupos vinculados à universidade. Para os anúncios nas salas de aula, é preciso entrar em contato com professores da graduação e pedir licença para dar um recado para a turma. A conversa com os estudantes deve ser rápida para não atrapalhar a aula e consistir em uma breve notícia sobre a realização da pesquisa e a abertura de seleção para integrantes da equipe. Nesse caso, as informações importantes são o tema da pesquisa e dados como dia, local e horário da seleção, além de um *e-mail* de contato para esclarecimentos.

Em relação aos cartazes informativos, essa é uma estratégia interessante para acessar um número maior de pessoas. Os cartazes podem ser colocados nas salas de aulas, corredores, elevadores e murais da universidade. Alguns dados que podem constar são o título do projeto, público-alvo, pré-requisitos, carga horária, atividades propostas, data e horário da reunião de seleção, além de *e-mail* para inscrições e informações (ver Figura 12.1). Um título destacado e que tenha algum apelo, e não necessariamente o título da pesquisa, também pode ajudar.

Para que a estratégia de divulgação seja bem-sucedida, tanto os anúncios nas salas de aula como os cartazes devem ter elementos que despertem a atenção dos estudantes. Durante a conversa com a turma, é mais provável que os estudantes se interessem pelo tema do estudo se os pesquisadores conseguirem demonstrar sua paixão pelo assunto e domínio sobre ele. Além disso, é importante frisar como o envolvimento na pesquisa poderá contribuir para o crescimento acadêmico dos bolsistas e/ou voluntários. Já os cartazes obterão maior sucesso caso consigam sobressair-se visualmente em meio a todos os anúncios que costumam povoar os murais universitários. Assim, é recomendável que eles tenham um visual limpo, com pouco texto e com des-

182 KOLLER, DE PAULA COUTO & HOHENDORFF (ORGS.)

SELEÇÃO DE ALUNOS(AS) INTERESSADOS(AS) EM INICIAÇÃO CIENTÍFICA

O grupo de pesquisa CEP-RUA está selecionando alunos(as) para participar do projeto:

"O desenvolvimento de preconceito racial implícito em crianças de Porto Alegre e Salvador"

Atividades propostas:

- ✓ Estudo de temas relacionados à Psicologia Social Experimental – Cognição Social
- ✓ Treinamento em métodos experimentais
- ✓ Coleta de dados
- ✓ Treinamento estatístico (SPSS) para análises de dados
- ✓ Possibilidade de escrita de artigos científicos
- ✓ Possibilidade de participação em congressos científicos

Pré-requisitos:

- ✓ Estar cursando entre o 1º e o 4º semestres do curso de Psicologia
- ✓ Disponibilidade de pelo menos 12h/semana
- ✓ Identificação e interesse pela temática do projeto
- ✓ Interesse em pesquisa quantitativa
- ✓ Conhecimento de Inglês

A seleção ocorrerá no dia 15/04, às 14h, na sala 106 do Instituto de Psicologia da UFRGS.

Inscrições:

Até o dia 13/04 por meio do e-mail seleção@seleção.com (Assunto: Seleção)

FIGURA 12.1
Exemplo de cartaz para divulgação de seleção de estudantes.

taque para as informações importantes. A utilização de cores encarece a impressão dos anúncios, mas é uma opção que pode auxiliá-lo a destacar-se dentre os demais.

A divulgação da seleção de participantes profissionais pode ocorrer pela mídia (anúncio em jornais), redes sociais, *e-mails* para contatos profissionais ou cartazes em centros de formação ou especialização. Embora possa ser mais difícil profissionais disporem de tempo para atividades de pesquisa, muitos desejam se inserir no contexto acadêmico e pode ser um importante ensaio para realização posterior de um mestrado ou doutorado.

Feita a divulgação, é hora de pensar na seleção. A estratégia utilizada para a escolha dos futuros integrantes da equipe depende do estilo dos pesquisadores. Podem ser realizadas entrevistas individuais, reuniões em grupo, dinâmicas específicas de seleção, entre outros. A melhor opção é sempre aquela com a qual você fica mais à vontade. Independentemente do método utilizado e do perfil de estudante desejado, esse momento é importante para

MANUAL DE PRODUÇÃO CIENTÍFICA **183**

verificar, nos candidatos às vagas, características como motivação para participar da pesquisa, responsabilidade e comprometimento. Também é recomendável que os estudantes sejam informados sobre o que se espera deles, bem como sobre a contrapartida que receberão ao fazer parte do grupo. Assim, poderão decidir se o oferecido corresponde às suas expectativas e se realmente desejam ingressar na equipe.

Na primeira reunião após a seleção dos novos integrantes, é importante estabelecer um contrato de trabalho com os alunos. Esse contrato, que não precisa ser escrito, deve abordar a carga horária que precisa ser destinada à pesquisa, a frequência dos encontros do grupo e as atividades previstas para a equipe. Além de estabelecer as responsabilidades de cada um, também é importante destacar o que eles têm a ganhar em termos de experiência e aprendizagem. É fundamental que o(a) coordenador(a) cumpra o contrato, seguindo as regras estipuladas com a equipe.

O estabelecimento de um contrato claro pode evitar a desistência ou a rotatividade dos membros da equipe. A capacitação da equipe é uma tarefa que despende tempo e energia e a troca constante de membros pode prejudicar a fluidez do trabalho. Apesar desses cuidados, podem ocorrer mudanças na composição do grupo, por motivos como início de estágios ou formatura dos alunos da graduação. Diante disso, deve-se recorrer a seleção e a capacitação de novos alunos.

Além dos itens já abordados, o contrato deve abarcar a questão sobre os direitos autorais de publicações relativas ao estudo e a remuneração dos alunos. É fundamental que fiquem claros os critérios que serão utilizados para definir quem tem direito à autoria das publicações provenientes dos resultados da pesquisa. Enquanto alguns pesquisadores utilizam critérios subjetivos para definir essa questão, outros utilizam sistemas de pontuação objetivos. Nesse tipo de sistema, as atividades intelectuais (p. ex., sistematização de revisão da literatura, descrição do método, colaboração na escrita de resultados e discussão) são as que geram maior número de pontos. Apenas coletar dados, por exemplo, não é suficiente para merecer autoria em um artigo científico ou capítulo de livro. Além disso, pessoas pagas para executar determinado serviço, como coleta ou análise de dados, por exemplo, não são autoras *a priori* do estudo. Para que isso ocorra, o seu envolvimento com a pesquisa precisa extrapolar as tarefas pelas quais recebeu pagamento (Petroianu, 2002). Embora os critérios para definição de autoria variem de um grupo para outro, é fundamental, para evitar futuros desentendimentos, que esse esclarecimento seja feito no início do trabalho (ver Capítulo 6 deste livro).

Quanto à remuneração aos membros da equipe, alguns pesquisadores preferem selecionar alunos apenas quando têm bolsas de iniciação científica. Apesar de esse ser um grande incentivo para os estudantes (seleções que envolvem bolsas geralmente são muito mais concorridas do que aquelas direcionadas a voluntários), ao selecionar um(a) bolsista sem ter conhecimento prévio sobre seu desempenho e relacionamento intragrupo, você pode acabar com um problema sério em mãos. Ninguém quer trabalhar com uma pessoa que tenha dificuldades para se relacionar com os colegas ou que não se adapte à filosofia de trabalho da equipe. E, infelizmente, esse é o tipo de avaliação que você só consegue fazer de maneira efetiva após um período trabalhando com a pessoa. Dessa forma, é recomendável que seja realizado uma espécie de estágio probatório, como um trabalho voluntário, antes que alunos sejam contemplados com uma bolsa de iniciação científica. Estudantes voluntários sempre podem receber certificação pela participação na equipe.

Além de evitar problemas como o citado, a distribuição de bolsas de acordo com o mérito também funciona como um incentivo para os voluntários. Eles sabem que, se empregarem o esforço e o empenho necessários, poderão ser recompensados. Ser bolsista, nesse caso, é um reconhecimento ao trabalho e à dedicação. Ganham os alunos, ganha a pesquisa.

Mas fique atento: mesmo com a utilização de todas essas estratégias para evitar a seleção de bolsistas sem o perfil adequado para a pesquisa, pode ocorrer do aluno com bolsa não desempenhar suas atividades de trabalho conforme necessário. Deve-se buscar compreender o que está prejudicando o desempenho do aluno em suas tarefas. Dependendo do caso, a manutenção da bolsa deve ser reavaliada com o aluno.

Além de alunos de graduação, a seleção de profissionais para integrar o grupo também pode ser útil, dependendo dos objetivos da pesquisa. Para esses profissionais,existem as bolsas de apoio técnico, que são um incentivo à participação. Os profissionais podem auxiliar dando apoio e servindo também como referência para os alunos da graduação. Isso possibilita compartilhar responsabilidades e diminuir sua carga de trabalho. Além disso, os alunos da graduação podem se beneficiar e potencializar suas aprendizagens convivendo com profissionais experientes.

GERENCIAMENTO DA EQUIPE

Agora que você já selecionou com cuidado os participantes de sua equipe e estabeleceu um claro contrato de trabalho, é hora de iniciar as atividades. O trabalho em equipe exige planejamento das atividades. Toda pesquisa deve ter um cronograma com a previsão de tarefas para cada mês de execução. Além disso, o estabelecimento de um plano específico de tarefas semanal e mensal, tanto individual (cada membro da equipe) quanto coletivo (equipe como um todo), auxilia a manter o foco, as prioridades e a distribuição do trabalho. Tarefas que envolvem estudo do projeto, revisões de literatura, coleta e análise de dados, escrita de artigos, preparação e participação em eventos cientíﬁcos devem estar no plano de atividades e imbricadas nas tarefas cotidianas das equipes.

A primeira tarefa da equipe deve ser o estudo detalhado do projeto de pesquisa. Todos os membros devem compreender o tema, os referenciais teóricos que balizam o estudo, bem como seus aspectos éticos e metodológicos. Seminários para capacitação e discussão dos pressupostos teóricos e metodológicos devem estar previstos no cronograma de atividades. Além do projeto de pesquisa, a leitura e a análise de outros estudos sobre a mesma temática ou que utilizem método semelhante são recomendadas para subsidiar uma boa coleta e a compreensão adequada dos resultados encontrados. Dessa forma, os membros da equipe se apropriarão do tema e compreenderão cada passo do estudo, em vez de simplesmente executarem de forma mecânica a coleta de dados.

É importante que os seminários sejam planejados com antecedência. Pode ser definida uma leitura para cada encontro, seja ela um artigo, um capítulo de livro, um manual ou qualquer outro material que possa contribuir com a equipe. Todos os integrantes do grupo devem ler o texto previamente e, a cada encontro, uma pessoa deve ﬁcar responsável por conduzir a discussão. Esse é um espaço rico de debate e aprendizagem. O(a) coordenador(a) da pesquisa nem sempre terá a resposta para todas as perguntas e isso não é nem de longe um problema, mas um incentivo para que todos aprendam cada vez mais. É importante aproveitar esses momentos para estimular a autonomia dos membros da equipe na busca de respostas.

Além dos seminários teóricos, recomenda-se que a equipe reúna-se sistematicamente para acompanhamento e avaliação das atividades. As reuniões podem ser semanais ou quinzenais, preferencialmente no mesmo local, dia da semana e horário. Esse enquadre potencializa o compromisso com a atividade e evita que os membros da equipe agendem outros compromissos que os impeçam de comparecer. Reuniões não sistemáticas podem gerar desarticulação e desmotivação no grupo. Contudo, é importante ressaltar que as reuniões devem ter objetivos claros e uma agenda a ser seguida, pois agrupar pessoas sem um propósito é perda de tempo (ver Capítulo 10).

O cronograma pode ser o regulador dos objetivos e a agenda de cada reunião. Sugere-se que a cada reunião seja retomado o objetivo do último encontro e a verificação do cumprimento das atividades previstas para o período. Pontualidade e organização são requisitos básicos para o engajamento e o sucesso de uma reunião e o(a) coordenador(a) da pesquisa deve ser referência em termos de postura e profissionalismo.

Outro aspecto essencial para manter o engajamento do grupo é a valorização das ideias compartilhadas, bem como dos esforços de cada membro da equipe na execução do plano de tarefas. A reunião deve ser finalizada com um *feedback* dos membros da equipe. Perguntas como "O que aprendemos

186 KOLLER, DE PAULA COUTO & HOHENDORFF (ORGS.)

hoje?","Quais tarefas foram estabelecidas até a próxima reunião?" e "Como podemos avaliar o que produzimos hoje?" podem contribuir para avaliar se o encontro atingiu seu objetivo e para verificar a compreensão das tarefas propostas.

A avaliação constante do trabalho é fundamental e não deve ser tarefa apenas de quem coordena a pesquisa, mas de todos os membros da equipe. Sugere-se que *feedbacks* positivos acerca do empenho e realização de atividades estejam presentes nas relações do grupo. A motivação para o trabalho é mediada pelo *feedback* recebido. Pessoas que realizam suas atividades com dedicação e qualidade merecem reconhecimento e esse tipo de retorno pode contribuir para manter o engajamento nas tarefas. Por outro lado, as críticas, quando necessárias, devem ser realizadas com respeito e estar direcionadas para o crescimento e o desenvolvimento de habilidades profissionais da equipe. Críticas pessoais devem ser evitadas, pois podem gerar conflitos difíceis de gerenciar. Dar e receber *feedbacks* são tarefas que requerem assertividade em termos de comunicação. A expressão de opiniões, mesmo que divergentes, deve ocorrer, bem como a expressão de sentimentos desencadeados pelas atividades da pesquisa ou pela própria convivência do grupo.

O relacionamento entre os membros da equipe pode se constituir em elemento fundamental para o sucesso da pesquisa. As relações interpessoais exercem influência nos momentos de conquistas do grupo, bem como em momentos de dificuldades, crise e resolução de problemas. O relacionamento saudável do grupo é potencializado com atitudes de cordialidade, confiança, respeito e empatia. A cooperação e a demonstração de afeto também são necessárias para a constituição e a manutenção de relações saudáveis no trabalho. Desenvolver e executar um projeto de pesquisa pode ser uma atividade laboral estressante, devido a fatores como poucos recursos materiais e pessoais, tempo escasso para execução do projeto, necessidade de publicar, dificuldades para coletar os dados, entre outros. Por essa razão, a equipe de pesquisa, quando possui boas relações interpessoais, pode representar um elo significativo de apoio e mediar de forma positiva as dificuldades intrínsecas ao trabalho. Um bom ambiente de trabalho torna mais provável o sucesso da pesquisa.

Quando existirem problemas de relacionamento entre membros da equipe, deve-se interromper as tarefas da pesquisa e conversar sobre o que está ocorrendo. O(a) coordenador(a) deve estar sempre atento ao clima dos relacionamentos interpessoais e construir com a equipe as estratégias para resolução de problemas. O desligamento de algum membro da equipe pode ser a alternativa em casos extremos e deve ser conduzido de forma ética. Além disso, deve-se avaliar a repercussão desta decisão na equipe.

Considerando que a pesquisa possibilita a construção de conhecimentos e que o trabalho em equipe permite autoconhecimento e desenvolvimento de habilidades sociais, pode-se dizer que coordenar ou ser membro de uma equipe de pesquisa é um profundo processo de aprendizagem. As perguntas, as respostas, a falta de respostas, as opiniões concordantes e discordantes, os desentendimentos fazem parte de uma experiência que mobiliza o desejo de saber e de estudar como recurso para saber.

A aprendizagem pode ocorrer em diferentes níveis e direções. Os estudantes da graduação podem, ao longo da execução da pesquisa, aprender sobre seus limites pessoais, a se relacionarem com pessoas na posição de profissionais em formação, a expressar opiniões de forma assertiva. Tanto os estudantes quanto os profissionais podem aprender como apresentar trabalhos em eventos científicos, escrever artigos, preparar pôsteres, e articular os conhecimentos teóricos obtidos na graduação com a vivência na pesquisa e com os dados empíricos encontrados. Além disso, e mais importante, a participação na pesquisa pode potencializar o raciocínio reflexivo e crítico, contribuindo para flexibilização de pensamentos e construção de lógicas alternativas para compreensão do fenômeno pesquisado. Sempre é válido aprender que um fenômeno pode ser compreendido e pesquisado de diferentes formas e que nossa pesquisa constitui um "grão" na construção do conhecimento, mas não a única "verdade" sobre a temática. Além disso, participar de pesquisas modifica entendimentos de senso comum que os estudantes podem apresentar.

A aprendizagem certamente atingirá também o(a)coordenador(a) da equipe. Essa experiência propiciará o desenvolvimento de habilidades de comunicação, de resolução de problemas e de mediação de conflitos. Se estiver aberto, você aprenderá a receber críticas e a lidar com aquilo que não sabe e que foi apontado por uma pergunta, às vezes despretensiosa, de seus alunos. As atitudes e comportamentos do(a) coordenador(a) podem representar um modelo de pesquisador(a) e profissional para a equipe. Trabalhar de forma ética e comprometida pode incentivar estudantes e outros profissionais a se dedicarem à pesquisa e a manter interesse pela psicologia científica.

Caso seja uma pessoa controladora, você também poderá aprender a delegar tarefas, uma das grandes possibilidades de aprendizagem para pesquisadores que têm uma equipe. Repare que delegar não significa solicitar aos alunos que realizem aquelas tarefas que você não quer realizar e, sim, distribuir o trabalho de acordo com as necessidades da pesquisa e a capacidade e o preparo de cada um. À primeira vista pode parecer simples, mas essa nem sempre é uma tarefa fácil. Para delegar, é necessário confiar, acreditar no potencial das pessoas envolvidas no trabalho e, em muitas situações, apenas acompanhar o desempenho da equipe. A maturidade do grupo pode ser percebida pela capacidade de autogestão. Você será um(a) bom(boa) coordenador(a) de equipe quando aprender a dar espaço aos seus colaboradores e acompanhar de forma ativa e participativa as conquistas que eles fizerem.

Por fim, a integração da equipe em termos afetivos também pode ser um elemento que fomente positivamente a produção. Dessa forma, você pode organizar encontros que não tenham foco no trabalho, mas que possibilitem que as pessoas se conheçam, desenvolvam laços de amizade e se sintam mais comprometidas umas com as outras. Conciliar produtividade e diversão pode ser o grande segredo para o sucesso da sua pesquisa.

Após as estratégias para formação e gerenciamento de sua equipe aqui compartilhadas, bem como a apresentação das vantagens em termos financeiros, de aprendizagem e de otimização do tempo e do trabalho, fica evidente que, além de desafiadora, realizar sua pesquisa com uma equipe pode ser uma tarefa extremante gratificante. Lembre-se de que uma pesquisa é um empreendimento para a construção de conhecimentos e que conhecimentos devem ser sempre compartilhados. Você pode começar esse processo já na execução de seu estudo. Talvez você passe algumas noites pensando em como resolver um conflito entre os membros da sua equipe, ou como responder aquela pergunta sobre o método, ou ainda se acalmando após ter delegado uma importante tarefa. Mas tenha certeza que valerá a pena. Pesquisadores isolados e solitários alcançam muito menos seus objetivos e com menos satisfação do que pesquisadores que sabem se desenvolver e compartilhar com um grupo de colaboradores.

REFERÊNCIAS

ATLAS Collaboration (2012).Observation of a new particle in the search for the Standard Model Higgs bóson with the ATLAS detector at the LHC. *PhysicsLetter B, 716*(1), 1-29.

Petroianu, A. (2002). Autoria de um trabalho científico. *Revista da Associação Médica Brasileira, 48*(1), 60-65.

Índice

Instrução: os números de páginas seguidos por f, q e t significam que os termos se encontram em figuras, quadros e tabelas.

A

Apresentações orais, 139-164
   ver também Pôsteres
  como preparar e realizar, 141-155
  estrutura, 158
  exemplo de slide, 161f
  planejamento, 159
  realização, 161
Artigo científico, 15-37
  competição, 17
  conhecimento científico e seu avanço, 24
  construção do conhecimento, etapas obrigatórias, 16q
  ordem e extensão, 29t
  pertinência das referências, 32
  qualidade das referências, 30
  recomendações, 34
  referências, 29
  resumo, 35
  texto científico e sua linguagem, 15
  textos científicos, características, 18q-21q
  textos jornalísticos, características, 18q-21q
  textos literários, características, 18q-21q
  tipos de artigo, 26

Universo *versus* modelo científico, 25f
  versus monografia, 36t
Artigo de revisão de literatura, 39-54
  etapas de elaboração, 42
  roteiro, 44f
  técnica da pirâmide invertida, 42f
  tema, 44
  versus metanálise, 41f
  versus revisão sistemática, 41f
Artigo de revisão sistemática, 55-70
  avaliação dos artigos, 65
  avaliação dos instrumentos revisados, 67q
  bases de dados eletrônicas, 60q
  bases de dados especializadas, 59q
  bases de dados, endereços eletrônicos, 69
  como escrever, 67
  delimitação, 57
  extração dos dados, 64
  fontes de dados, escolha das, 58
  interpretação dos dados, 66
  palavras-chave, 61
  perguntas possíveis, 58t
  resultados, armazenamento dos, 62
  resultados, busca dos, 62

190 ÍNDICE

seleção pelo resumo, 64
síntese dos dados, 66
Artigo empírico, 71-89
análise de dados, 82
como planejar, 72
discussão, 85
estrutura em formato de
ampulheta, 75f
estrutura, 73
instrumentos, 81
introdução, 76
método, 79
participantes, 80
problema de pesquisa, 78
procedimentos, 81
referências, 87
resultados, 84
resumo, 87
revisão de literatura, 76
revisão, 87
título, 87

E

Escrita científica, 13-129
artigo científico, 15-37
artigo de revisão de literatura,
39-54
artigo de revisão sistemática,
53-67
artigo empírico, 71-88
escrita científica em língua
portuguesa, erros comuns na,
125-138
livro científico, 99-106
plágio acadêmico, 109-124
resumo, 91-98
Escrita científica em língua
portuguesa, erros comuns na,
125-138
acordo ortográfico, 135
estilística, desvios de, 127

outros desvios frequentes, 133
pontuação, desvios de, 129
sintaxe, desvios de, 130

L

Livro científico, 99-106
carta-convite para autores, 101f,
102f
ficha de avaliação dos capítulos,
105q

P

Plágio acadêmico, 109-124
à autoria, 116
conceito e evolução, 110
critérios para a autoria, 121q
no meio científico, 114
Pôsteres, 139-160 *ver também*
Apresentações orais
pôster científico, como preparar,
141-155
algumas dicas, 154
aspectos gráficos, 147
construção, 143
exemplos, 146f
exemplos, 149f, 152f, 153f, 154f
fonte, tamanho da, 148f
partes, 144
agradecimentos, 145
conclusões, 145
informação de contato, 145
introdução, 144
método, 144
referências, 145
resultados, 144
título, 144
planejamento, 142
softwares, 150
transformação de esboço gráfico
de artigo em pôster científico,
143f

R

Resumo, 91-98
  aspectos gerais, 92
  exemplos de, 95

V

Vida acadêmica, apresentação da,
  165-178
  equipes de pesquisa, como formar
  e gerir, 179-188
  exemplo de divulgação de
  seleção de estudantes, 182f
  formação da equipe, 180
  gerenciamento da equipe, 184
  manejo do tempo, 172-177
  administração baseada em crise,
  169
  agende os seus compromissos,
  172
  aprenda a delegar, 175
  aprenda a dizer não, 174
  aulas, 176
  autoridade confusa, 169
  backup de trabalhos, 176
  controle inadequado, 169
  deixar tarefas incompletas, 169
  delegar de forma ineficiente, 170

desorganização pessoal, 170
e-mails e redes sociais, 175
equipe ineficaz, 169
exemplo de lista de tarefas,
  174q
falta de autodisciplina, 170
incapacidade de dizer não, 171
interrupções pelo telefone, 170
lista de tarefas cumpridas, 174
lista de tarefas prioritárias, 173
monitoria, 173
orientação de alunos, 173
planejamento inadequado, 170
planeje o seu dia, 172
problemas de comunicação, 169
procrastinação, 171
programe-se o dia seguinte, 173
querer fazer demais, 170
relatórios de progresso, 169
reuniões, 171
reuniões, 173
revisões de artigos para
  periódicos, 176
socialização, 169
solicitação de recursos, 176
trabalhos burocráticos, 170
viagens, 170
visitantes, 170